34
分県登山ガイド

山口県の山

中島篤巳・金光康資・樋岡栄一 著

山と溪谷社

分県登山ガイド――34 山口県の山

目次

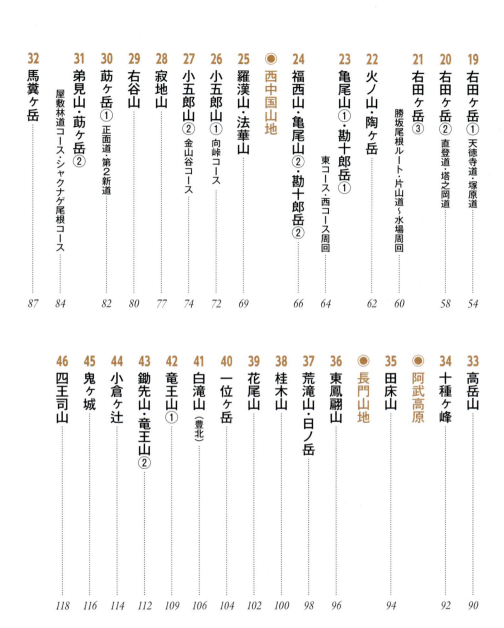

●本文地図主要凡例●

紹介するメインコース。

本文か脚注で紹介しているサブコース。一部、地図内でのみ紹介するコースもあります。

Start Goal Start Goal 225m 出発点／終着点／出発点・終着点の標高数値。

管理人在中の山小屋もしくは宿泊施設。

紹介するコースのコースタイムのポイントとなる山頂。

コースタイムのポイント。

管理人不在の山小屋もしくは避難小屋。

浜田へ
萩・石見空港
191
道の駅
「ゆとりパークたまがわ」
えさき
ますだ
益田市
島根県
いわみよこた
488
西
見
川
186
191
三段峡
恐羅漢山
安芸太田町
戸河内IC
津和野町
にちはら
186
広島県
9
道の駅
「うり坊の郷katamata」
つわの
青野山
315
187
安蔵寺山
488
吉和IC
寂地山 28
吉和冠山
29 右谷山
34 十種ヶ峰
433
五日市IC
道の駅
「願成就温泉」
高
小五郎山 26 27
とくさ
33 高岳山
津
186
広島
2
じふく
川
吉賀町
六日市温泉ゆ・ら・ら
廿日市市
はつかいち
31 弟見山
25 羅漢山
六日市IC
489
慈生温泉
30 31 莇ヶ岳
25 法華山
434
廿日市JCT
広島湾
平家ヶ岳
大野IC
みやじまぐち
道の駅
「ピュアラインにしき」
2
厳島
大師山 4
大竹市
にしきちょう
32 馬糞ヶ岳
大竹IC
13 鷲ヶ嶽
白滝山 4
(美和)
3 狗留孫山
錦川鉄道
187
おおたけ
中国自動車道
柏木山 5
5 弥山
徳地IC
なぐわ
錦
岩国IC
佐
川
いわくに
しんいわくに
岩国市
376
315
2
蓮華山 6
岩徳線
17 観音岳
道の駅「ソレーネ周南」
烏帽子岳 8
周東町
(熊毛)
野温泉
玖珂IC
周南市
山陽本線
7 大黒山
2
徳山東IC
徳山西IC
しんなんよう
7 竜ヶ岳
とくやま
山陽自動車道
9 三丘ヶ岳
ゆう
熊毛IC
9 平家ヶ城
下松市
10 虎ヶ岳
太華山 12
くだまつ
3 石城山
2 三ヶ岳
大津島
ひかり
10 烏帽子岳
(下松)
やない
2 琴石山
光市
山陽本線
いわた
おおばたけ
道の駅
「サザンセトとうわ」
笠戸島
11 茶臼山
柳井市
田布施町
1 文殊山
11 大谷山
平生町
周防大島町
1 嘉納山
188
437
1 源明山
道の駅「上関海峡」
上関町
平郡島

山口県の山 全図

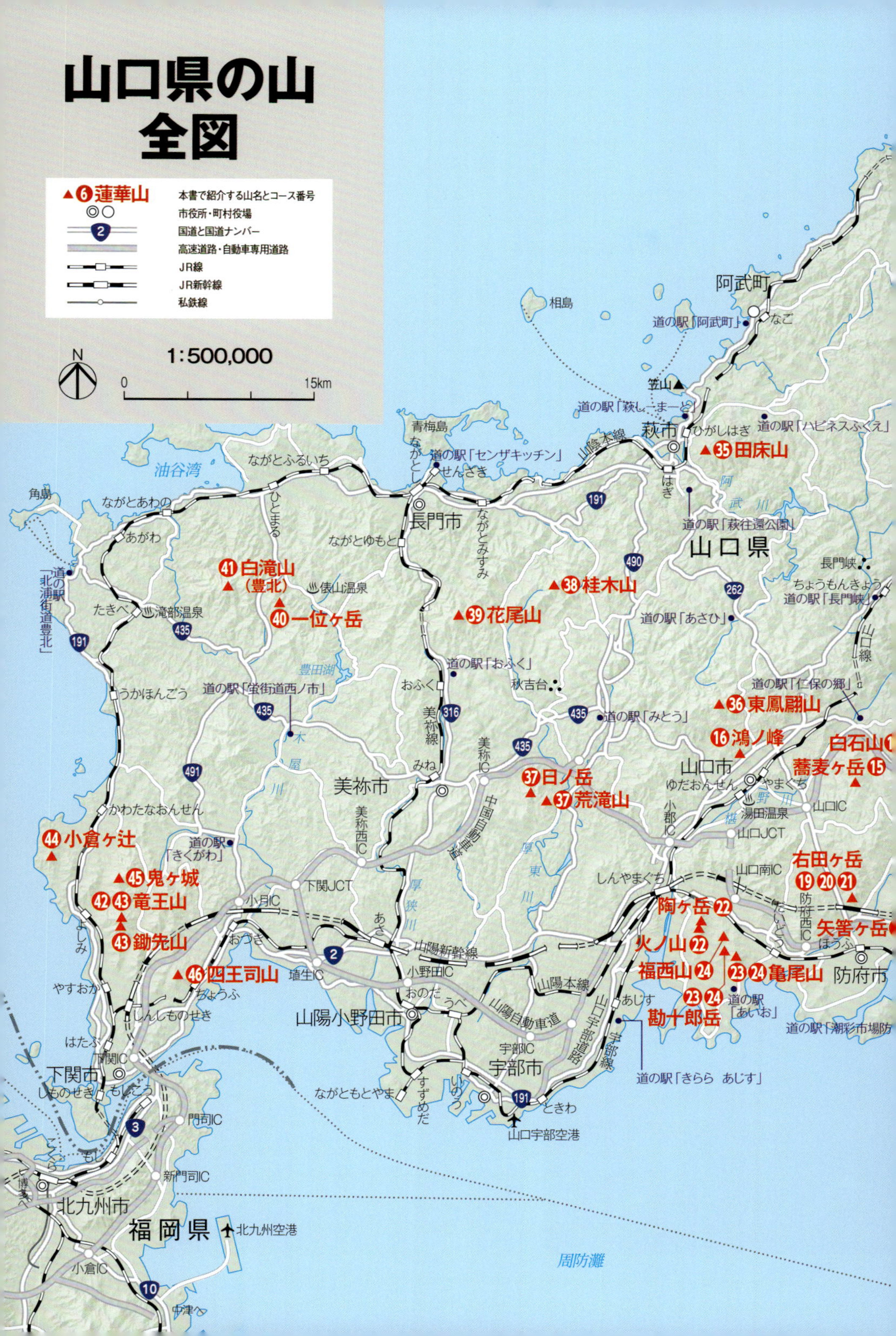

6 蓮華山 本書で紹介する山名とコース番号
市役所・町村役場
2 国道と国道ナンバー
高速道路・自動車専用道路
JR線
JR新幹線
私鉄線
N
1:500,000
0
15km
阿武町
相島
道の駅「阿武町」
なごや
笠山
道の駅「萩しーまーと」
青梅島
萩市
ひがしはぎ
道の駅「ハピネスふくえ」
35 田床山
山陰本線
なかとし
道の駅「センザキッチン」
せんざき
ながとふるいち
油谷湾
角島
ながとあわの
あがわ
ひとまる
長門市
191
ながとみすみ
はぎ
阿武川
道の駅「萩往還公園」
山口県
ながとゆもと
道の駅「北浦街道豊北」
41 白滝山（豊北）
俵山温泉
490
長門峡
38 桂木山
262
ちょうもんきょう
道の駅「長門峡」
たきべ
滝部温泉
435
40 一位ヶ岳
39 花尾山
道の駅「あさひ」
191
山口線
豊田湖
道の駅「おふく」
秋吉台
道の駅「仁保の郷」
うかほんごう
道の駅「蛍街道西ノ市」
おふく
435
36 東鳳翩山
435
木屋川
316
道の駅「みとう」
美祢線
美祢IC
435
16 鴻ノ峰
白石山
491
みね
山口市
蕎麦ヶ岳 15
美祢市
37 日ノ岳
ゆだおんせん
やまぐち
37 荒滝山
湯田温泉
山口IC
かわたなおんせん
中国自動車道
小郡IC
椹野川
44 小倉ヶ辻
道の駅「きくがわ」
美祢西IC
厚東川
山口JCT
45 鬼ヶ城
下関JCT
しんやまぐち
山口南IC
右田ヶ岳
19 20 21
42 43 竜王山
小月IC
厚狭川
陶ヶ岳 22
防府西IC
43 鋤先山
おづき
あさ
山陽新幹線
矢筈ヶ岳
よしみ
2
火ノ山 22
ほうふ
46 四王司山
埴生IC
小野田IC
山陽本線
福西山 24
23 24 亀尾山
防府市
やすおか
ちょうふ
おのだ
うべ
あじす
23 24
道の駅「あいお」
しんしものせき
山陽小野田市
山陽自動車道
勘十郎岳
道の駅「潮彩市場防府」
はたぶ
山口宇部道路
下関IC
宇部IC
宇部線
下関市
宇部市
道の駅「きらら あじす」
しものせき
もじこう
ながともとやま
すずめだ
いのう
191
ときわ
門司IC
3
山口宇部空港
こくら
新門司IC
博多へ
北九州市
福岡県
北九州空港
周防灘
小倉IC
10
中津へ

概説 山口県の山

中島篤巳

山口県は本州最西端に位置し、三方を海に囲まれた県である。最高峰は西中国山地の寂地山《じゃくじさん》だが、たかだか1337メートルである。高度別面積をとると500メートル以上の山はわずか8パーセントにすぎず、70パーセントが300メートル以下である。これに三方が海という半島的要素も加わって、他府県に比べると寒暖の差が小さく、瀬戸内側はもとより、山陰側も他県に比べれば概して穏やかな気候に恵まれている。

ほとんどが老年期山岳であって、広く大きな尾根が裾をゆっくりと麓に落とし、生活しやすい地形となっている。したがって里の生活が山懐へと入りこみ、さらに山頂にまでおよぶことは普通であり、それゆえに人の温もりを感じる里山の魅力がいっぱいの山旅を満喫できる。

関ヶ原《せきがはら》の合戦では毛利家は豊臣方の筆頭職にありながら徳川方に内通し、豊臣家を滅亡へと導く主役を演じた。そこまではよかったのだが、賢明な徳川家康は毛利の裏切りの歴史を読みとっており、結局は本領安堵の約束を反故にして、長門《ながと》国と周防《すおう》国の二国に移封してしまった。

大きい藩であったがゆえに経済状態が逼迫。抵抗できない良民に山を山頂まで開墾させ、かつての山口県は「耕して天に至る」風景が随所で見られたという。現在でも山に登れば山頂近くまで田畑跡の石組みが見られる。

藩の殖産は「防長三白《ぼうちょうさんぱく》」すなわち米、紙、塩。さらに「四白《よんぱく》」とすれば沖縄からハゼを輸入して植樹した蝋も入る。秋ともなるとハゼが鮮やかな赤で斜面を彩る。

藩の窮乏に対しては武士も農民もがんばったが、成君寺山《じょうくんじやま》のように重税に苦しんだ農民の姿が一揆という形で物語を残したり、虎ヶ岳《とらたけ》に見られるような「隠田《いんでん》」で飢えを凌いだりした。キリシタンの文化は県内ではあまり語られないが、他藩に比較して類をみない残虐なキリシタン迫害の歴史も残っている。

多くの山が白山《はくさん》火山帯にあるので、麓から立ち上がるトロイデも多く、花尾山《はなおさん》や神宮山《じんぐうやま》などにはタタラ製鉄の跡も残っている。トロイデの女性的な山容に油断して登りにかかると、急斜面に苦しめられるので注意したい。

古代から中世にかけて、周防国は東大寺領であった。重源上人に

南麓の徳佐から見上げる晩秋の十種ヶ峰

桜咲く春の茶臼山古墳公園から琴石山を望む

よる東大寺再建に要する銅や、三《みつ》ツヶ峰《みね》のような杣山の物語も多い。

中世は大内氏の時代であり、山口県の個性がつくりあげられた時代である。勘合貿易で栄え、戦国時代には京都の雅を積極的に受け入れ、そして滅んだ鴻《こう》ノ峰《みね》哀史もある。また、逆境で育った毛利藩の幕末維新の動乱の山としての周防大島の山もあり、山里と市街地の大内文化と幕末の維新史が豊かな山旅を約束する。

分水界が大きく北に偏っており、大きな川は瀬戸内海側に偏在する。北の日本海側には阿武《あぶ》川が1本だけ。阿武川は島根県津和野《つわの》町側から南西に20数キロ、石州《せきしゅう》街道に並走して、長門峡で90度折れて山陰の萩市で日本海に水を落としている。

対照的に山陽側では大きな川が多く、周防部では錦《にしき》川、佐波《さば》川、椹野《ふしの》川、長門部では厚東《ことう》川、厚狭《あさ》川、木屋《こや》川などが瀬戸内海に開き、それぞれが水運や生活の物語を残している。

稜線から瀬戸内海国立公園の景観を目にすると、都を結ぶ巨大な山陽道としての海の歴史が大きく展開する。山口県にはこんなに知的ですばらしい山がたくさんあり、ある意味、中部山岳以上の山旅が約束されているともいえるだろう。

周防部と長門部を分ける脊梁の盟主・高岳山

●山々の特徴

島根県と広島県から西中国山地がのびて山口県で西走し、長門山地につながって県を南北に分断する。北側には阿武高原と北浦《きたうら》島嶼群、南側には周防山地、周南《しゅうなん》丘陵と長門丘陵、西端に豊浦《とようら》山地が分類され、瀬戸内島嶼群が海に浮かぶ。

十種ヶ峰のヤマシャクヤク群生地

秋深まる右谷山支尾根の紅葉

●西中国山地

県北東部の主要な区域はほぼ西中国山地国定公園内にあり、開発規制下にある特別区である。最高峰は1337《メートル》の寂地山。ほかにも右谷山《みぎたにやま》、容谷山《ようたにやま》、小五郎山《こごろうやま》、鬼《おに》ヶ城《じょう》、羅漢山《らかんざん》、法華山《ほっけさん》などの秀峰が深い谷を抱き、寂地峡や浦石《うらいし》峡など美しい峡谷を形成する。五竜《ごりゅう》ノ滝や犬戻《いぬもどし》滝、その他の懸崖や滑滝もよい。渓流にはイワナ、ヤマメ、サンショウウオが遊び、沢沿いや尾根にはブナの林に守られるようにしてシャクナゲやイワカガミなど亜高山植物が行く人を喜ばす。また珍しいチョウの宝庫でもある。

宇佐《うさ》川と深谷《ふかたに》川の合流点付近の河川争奪地形もおもしろい。浸食で宇佐川が日本海に落ちる水を瀬戸内海側に奪い取ったという地形だ。

深山幽谷といえども、先達は深い谷に住んでワサビ田を開き、木を伐採しては製材もした。寂地川に残る水力製材跡の石垣が珍しい。

なお西中国山地は貴重なクマの生息地であることも知っておきたい。

小五郎山の登路に残る銅の鉱滓

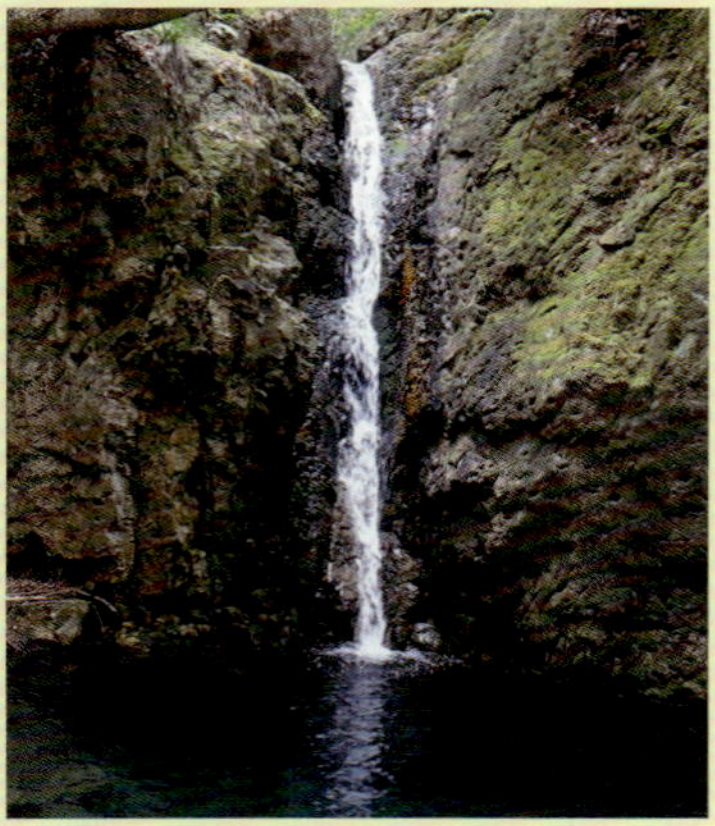
一条の流れを落とす白滝山の白滝

●周防山地とその周辺

西中国山地の瀬戸内海側に位置して、花崗岩、三郡変成岩などからなる標高300～500《メートル》の高原状小起伏山地である。烏帽子《えぼし》岳《だけ》、物見《ものみ》ヶ岳《だけ》、大平山《おおひらやま》など600《メートル》を超える中起伏山塊もあるが、全域がなんらかの形で生活に密着していた区域である。県のヘソの位置にある金峰山《みたけさん》、千石岳《せんごくだけ》、四熊《しくま》ヶ岳《だけ》は大山《だいせん》・青野山《あおのやま》火山群であり、みごとなトロイデを立ち上げている。さらに瀬戸内海側に向かって周南丘陵、瀬戸内沿岸平野、瀬戸内島嶼群と下るが、周防大島の嘉《か》納山《のうざん》を中心にした600《メートル》級の中起伏山地は圧巻だ。クマは周南丘陵まで進出するので注意したい。

●長門山地とその周辺

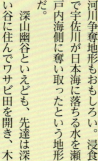

西中国山地の西の延長線上に展開して日本海と瀬戸内海の分水界を形成している。クマやホンシュウジカが生息する小起伏山地だが、十種《とくさ》ケ峰《みね》、東・西の鳳翩山《ほうべんざん》、桂木山《かつらぎさん》、花尾山、天井《てんじょう》ケ岳《だけ》など中起伏山塊もある。

西中国山地と長門山地の日本海側には阿武高原が広がり、かつてタタラ製鉄と関わってきた玄武岩質火山性山地の頂の直下で、日本海が大きく広がる。南の瀬戸内海側には長門丘陵が、そして日本海の響灘《ひびきなだ》側には豊浦《とようら》山地が峰を連ねる。

右田ヶ岳・勝坂ルートは岩稜登高が楽しい

●四季の魅力と心がまえ

新緑は全県ですばらしく、ブナやヤマツツジの初夏がとてもよい。紅葉は西中国山地でしか満足できないだろう。ヤマシャクヤク、シャクナゲ、イワカガミ、カタクリなどの花もよいが、足もとのマムシには要注意だ。

クマも多く、積雪期でも冬眠していないことがある。春から初夏の子連れ母グマは危険だ。鈴で人間の存在を知らせてやろう。日本海側の積雪は湿雪が多く、重い。スノーシューやカンジキが必要となる。

本書の使い方

■日程　山口県内の主要都市を起点に、アクセスを含めて、初級クラスの登山者を想定した日程としています。

■歩行時間　登山の初心者が無理なく歩ける時間を想定しています。ただし休憩時間は含みません。

■歩行距離　2万5000分ノ1地形図から算出したおおよその距離を紹介しています。

■累積標高差　2万5000分ノ1地形図から算出したおおよその数値を紹介しています。は登りの総和、は下りの総和です。

■技術度　5段階で技術度・危険度を示しています。は登山の初心者向きのコースで、比較的安全に歩けるコース。は中級以上の登山経験が必要で、一部に岩場やすべりやすい場所があるものの、滑落や落石、転落の危険度は低いコース。は読図力があり、岩場を登る基本技術を身につけた中～上級者向きで、ハシゴやクサリ場など困難な岩場の通過があり、転落や滑落、落石の危険度があるコース。は登山に充分な経験があり、岩場や雪渓を安定して通過できる能力がある熟達者向き、危険度の高いクサリ場や道の不明瞭なやぶがあるコース。は登山全般に高い技術と経験が必要で、岩場や急な雪渓など、緊張を強いられる危険箇所が長く続き、滑落や転落の危険が極めて高いコースを示します。山口県の山の場合はが最高ランクになります。

■体力度　登山の消費エネルギー量を数値化することによって安全登山を提起する鹿屋体育大学・山本正嘉教授の研究成果をもとにランク付けしています。ランクは、①歩行時間、②歩行距離、③登りの累積標高差、④下りの累積標高差に一定の数値をかけ、その総和を求める「コース定数」に基づいて、10段階で示しています。が1、が2となります。通常、日帰りコースは「コース定数」が40以内で、～（1～3ランク）。激しい急坂や危険度の高いハシゴ場やクサリ場などがあるコースは、これに～（1～2ランク）をプラスしています。また、山中泊するコースの場合は、「コース定数」が40以上となり、泊数に応じて～もしくはそれ以上がプラスされます。山口県の山の場合はが最高ランクになります。

紹介した「コース定数」は登山に必要なエネルギー量や水分補給量を算出することができるので、疲労の防止や熱中症予防に役立てることもできます。体力の消耗を防ぐには、下記の計算式で算出したエネルギー消費量（脱水量）の70～80パーセント程度を補給するとよいでしょう。なお、夏など、暑い時期には脱水量はもう少し大きくなります。

		時間の要素		距離の要素		重さの要素
行動中のエネルギー消費量（kcal）	＝	1.8×行動時間（h）	＋	0.3×歩行距離（km）＋10.0×上りの累積標高差（km）＋0.6×下りの累積標高差（km）	×	体重（kg）＋ザック重量（kg）
		山側の情報 —「コース定数」				登山者側の情報

＊kcalをmlに読み替えるとおおよその脱水量がわかります

山口県の山の花

表記の花期はおおよその時期を示します。

本州の西端に位置する山口県は三方を海に囲まれ、中央部を中国山地が東西に走っている。県内最高峰の寂地山《じゃくじさん》から西へ向かって高度が下がり、南北の寒暖差もしだいに少なくなる。この半島的要素により、県内は他県に比べて温暖な気候に恵まれ、自然や植物の多様性に富んでいる。

花の見どころとしては寂地山、右谷山《みぎたにやま》縦走路に咲くカタクリ、十種《とくさ》ヶ峰《みね》のヤマシャクヤクをはじめ、秋吉台《あきよしだい》の山野草などが大勢の登山者を誘うが、ひっそりと路傍に咲くエビネやキンラン、セッコクなど希少な花を求めて里山を歩くのも楽しい。本書に掲載した花は県内に咲くほんの一部だが、登山者それぞれがともに守っていきたい自然からの贈り物である。

写真+文=樋岡栄一

ミツバツツジ 4月 大黒山

ヒガンバナ 9月 長府権現山

ヤエツバキ 2月 野島

ムラサキカタバミ 4月 皇座山

ヤマラッキョウ 10月 竜王山

赤色系の花

オニユリ 9月 羅漢山

オドリコソウ 4月 皇座山

ハギ 8月 亀尾山

ワスレグサ 10月 笠戸島

ツツジ 4月 西目山

シャクナゲ 5月 江舟岳

カワラナデシコ 8月 大将陣

紫・褐色系の花

フジ　5月
真名城山

ヤマアジサイ 5月 茆ヶ岳

アケビ 5月 十種ヶ峰

イカリソウ 6月 容谷山

リンドウ
10月 秋吉台

ホタルカズラ
6月 秋吉台

コバギボウシ
8月 保戸

ラショウモンカズラ
5月 十種ヶ峰

カタクリ 4月 弟見山

ムラサキセンブリ
10月 秋吉台

ツルリンドウ 9月 容谷山

ムラサキハナナ 4月 六万坊山

トウゴクシソバタツナミソウ
5月 中山

ツリガネニンジン 8月 大将陣

ショウジョウバカマ
5月 右谷山

ママコナ
7月
下松烏帽子岳

アザミ 8月 高畑山

ヤマジノホトトギス
8月 東鳳翩山

オニアザミ 10月
鬼ヶ城山

キキョウ 7月 亀尾山

フジバカマ 7月 石ヶ岳

スミレ 5月 西鳳翩山

ムラサキツユクサ 9月
大津島鬣山

シャガ
5月 湯野城山

アセビ 3月 右田ヶ岳

オオカメノキ 4月 十種ヶ峰

アケボノソウ 9月 石の巻山

ニワゼキショウ
5月 花尾山

オオバギボウシ 8月 大将陣

ヤマシャクヤク 5月 十種ヶ峰

オオユウガギク 9月 莇ヶ岳

イワカガミ
5月 寂地山

白色系の花

シシウド 5月 須佐高山

オオヤマレンゲ
6月 寂地山

ミツマタ 3月 高畑山

シロバナタンポポ
4月 皇座山

シロアザミ 7月 高砂

セッコク 6月 右田ヶ岳

オケラ 9月 竜門岳

オカトラノオ 6月 弟見山

ダイモンジソウ 10月 長門峡

コアジサイ
5月 湯野城山

ミヤマシキミ 4月 皇座山

コウヤボウキ
9月 鯛の峰

ウメバチソウ
8月 秋吉台

ギンリョウソウ
5月 内立山

チゴユリ
5月 弟見山

ワサビの花
3月 真名板山

タカサゴユリ 5月 右田ヶ岳

ホウノキ
5月 平家ヶ岳

ササユリ
6月 長野山

ハマユウ 8月
須佐高山

ヒトリシズカ 5月 十種ヶ峰

ニシキゴロモ
5月 寂地山

ミヤマカタバミ 4月 容谷山

サラシナショウマ
9月 大津島鬣山

黄色系の花

タンポポ
5月 西鳳翩山

カキラン 7月 弟見山

シキミ 3月 相原山

キンシバイ 6月 仁保犬鳴山

フシグロセンノウ
8月 右谷山

キズイセン 3月 上盛山

ニジガハマギク 11月 茶臼山

フユワラビ 11月 鯛の峰

キンミズヒキ 8月 大将陣

アキノキリンソウ
10月 小五郎山

ユウスゲ 8月 船平山

ツワブキ 10月 楞厳寺山

ネコノメソウ 4月 皇座山

01 文珠山・嘉納山・源明山

瀬戸内アルプス大縦走で防予の海を散策する

日帰り

歩行時間＝3時間30分
歩行距離＝9・0㎞

技術度 1/5
体力度 1/5

もんじゅやま 663m
かのうざん 691m
げんめいざん 625m

コース定数 ＝16
標高差 ＝268m
累積標高差 ↗605m ↘990m

琴石山から望む文珠山、嘉納山、源明山

　周防《すおう》大島は大きさでは瀬戸内海第三の島である。周囲に点在する防予《ぼうよ》諸島は瀬戸《せと》内海屈指の景観を誇り、瀬戸内第二の高峰・嘉納山から放射状にのびる６００メートル級の脊梁はまさに「瀬戸内アルプス」。四季を通じて楽しめる山である。

　文珠堂駐車場から石段を登ると、大同元（８０６）年、弘法大師の創建とされる古刹、知恵の文珠堂である。文珠は釈迦如来の脇侍であり、獅子に乗っている。ここでは毎年3月25日に開帳され、知恵の文殊として受験生も参拝するという。巨岩や古跡が往時の隆盛をものがたり、海側に目をやると、『万葉集』に「これやこの名に負ふ鳴門の渦潮に玉藻刈るとふ海人娘子ども」と歌われた大島鳴門《おおしまなると》の渦潮の向こうに琴石山《ことしいしやま》が峻立する。

　文珠堂の右手横を行き、すぐに右に折れて嘉納山線遊歩道を登る。歩きやすく爽やかな道だ。息切れするあたりに小さな滝があり、そこが最後の水場となる。

　コースは、深山の趣があり、心地がよく歩くことができる。文珠堂から45分で**文珠山**山頂（４等三角点）に立つ。堂々３６０度の展望が広がり、銭壺山《ぜにつぼやま》、琴石山、高照寺山《こうしょうじさん》、氷室岳《ひむろだけ》、蓮華山《れんげさん》、石城《いわき》

■電車・バス
往路・復路＝公共交通機関を利用しての登山は難しい。マイカー利用がおすすめだ。

■マイカー
ＪＲ大畠駅から大島大橋を渡って左折、国道４３７号を走り、三蒲交差点から県道１０４号（文珠山公園線）に入り、文珠堂駐車場まで上がる。文珠堂境内を含んで10台は駐車可能。

■登山適期
海が澄みわたる10～11月ごろがよい。四国が近くに見える。

■アドバイス
▽下山は往路を戻るのがよいが、源明山から南に向かい、家房バス停まで下る場合は、マイカーをもう1台回しておくか、タクシーを予約して

↑文珠山山頂で最初の大展望を満喫

←嘉納山への稜線に幕長戦争時の土塁が走る

山《さん》、烏帽子岳《えぼしだけ》、そして遠く西中国山地の名峰や防予諸島の山々、四国山系などを身近に感じることだろう。

　ここから嘉納山までは45分の尾根沿いの道だ。広い道を下ると鞍部で車道を横切り、巻きかげんに植林帯を行く。注意して右を探せ

おく方が無難だ。

▽「日本三文珠」とは、ここでは大和国の安倍の文珠、丹後国の切戸（きれと）の文珠、そしてこの周防屋代島（大島）の文珠をいう。「三大〇〇」は地域によって指定が異なるのが常である。

▽四境の役とは幕末に長州が御所に向かって大砲を発射した蛤御門の変に端を発する第一、第二次長州征伐のうち、実際に長州と幕府軍とが戦争をした第二次長州征伐をいう。山口県では「征伐」とはいわず、長州に入る四つの口（芸州口、石州口、大島口、小倉口）の名をとって「四境の役」とよぶ。

源明山頂の「四境の役」（幕長戦争）の碑

▽植物では本邦で唯一、セトウチギボウシの生息地とされている。

■問合せ先

周防大島町役場☎0820・74・1000、防長交通☎0820・56・5100、三和交通配車センター☎0820・22・3333

■2万5000分ノ1地形図

大島・久賀・阿月・安下庄

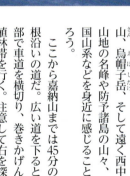

ば尾根上に長い土塁の痕跡が見つかる。これは四境《しきょう》の役《えき》（長州征伐）の時に築かれた第二奇兵隊の防塁跡だ。山の斜面は思いのほか急だから、攻め手は防塁のところで一列に並ぶことになるので、ねらい打ちになるということだ。

ルートが右に急角度で曲がり、グイッと登れば展望の尾根となり、２等三角点を越えて**嘉納山**山頂に着く。山頂には旧日本軍の小さな遺構があり、嵩山《だけさん》の向こう、東の方に愛媛県の怒和島《ぬわじま》、中島《なかしま》など忽《く》那《な》七島が展開する。南側のすぐそばに源明山がそびえている。

第六管区海保送信施設を左に見ながら嘉納山から下りにかかる。途中右手に弘法大師の岩屋観音石窟へ３分の道が分岐する。この道は荒れることが多いので、注意が必要だ。

稜線を南に進む。展望は途中の

嘉納山から源明山の稜線

CHECK POINT

登山口の文珠堂。ここまで車で入ることも可能で、トイレもある

コースは幅広い遊歩道がずっと続く。展望は各ピークで得られる

文珠山山頂で最初の大展望を満喫する。りっぱな展望台があり、野営もできる

嘉納山への稜線には、ところどころ幕長戦争時の土塁が走る

嘉納山山頂には広島湾防衛の遺跡がある

嘉納山山頂から望む嵩山から伊予の島々

ピークからだけだが、穏やかな尾根道である。山頂手前の鞍部には四境の役・源明峠戦での戦死者の小さな供養塔がある。

鞍部からいっきに登ると**源明山**山頂である。４等三角点と四境の役戦勝記念碑があり、展望は小さな集塊岩の上がいちばんよい。

下山はもとの道を引き返すか、南麓の家房《かぼう》地区に下る。家房へは尾根をさらに南に10分の**源明峠**まで下り、右に車道をとれば15分で**笛吹《ふえふき》峠**に着く。峠から南に行き、車道をジグザグに45分ほど下ると**家房バス停**だ。（中島篤巳）

02

瀬戸内海を展望する周防アルプス大縦走
三ヶ岳・琴石山

日帰り

歩行時間＝3時間40分
歩行距離＝10.5km

みつがだけ（西岳） 487m
ことしいやま 545m

技術度

体力度

コース定数＝**17**	
標高差＝541m	
累積標高差	↗730m ↘729m

柳井市の背後の三ヶ岳（左）と琴石山（右）。縦走で駅一区間だ

西岳山頂。遠くに琴石山が見える

三ヶ岳登山口の金剛寺

琴石山は人気の山として県内外から多くのハイカーをよんでいるが、三ヶ岳縦走路が加わることによって、さらにアルペン的な楽しみができるようになった。

鉄道の場合はJR山陽本線**柳井駅**が出登点。車の場合は**金剛寺駐車場**を起点に石段を登る。見落としてしまいがちだが、石段登り口の仁王《におう》磨崖仏《まがいぶつ》が珍しい。

古刹の風情に酔うまもなく、堂宇左手うしろから大師山《だいしやま》の登りにつく。駐車場から石仏や石祠、石塔に見送られて歩きはじめる。

およそ10分で**大師山**山頂だ。途中の展望所から眼下に柳井市街が広がる。一角に金比羅《こんぴら》さんが祀られており、船が出入りする商人の町、柳井津《やないづ》ゆえに海上安全を祈念したようだ。

道なりに進み、大師山の背後にまわると三ヶ岳を眼前にする。このあたりはこれからの山旅の風景にゾクゾクするところだ。尾根を北に下り、竹林を抜け、高度を上げる。左右の展望が開け、海に向かって落ちる支尾根が美しい。

林道に出て右に100㍍で左上に登る道がある（林道が約20㍍夏草に覆われることがある。この場合はササや草を分けて進めばよい）。左手の階段を上がり、山道に入ると、時にササで被り加減になることもある。ていねいに踏跡をたどれば、じきに尾根に出る。胸がすくような展望ポイントは山頂手前の岩の上だ。金剛寺から1時間30分、展望と石祠と4等三角点の**三ヶ岳（西岳）**山頂である。天気がよければ四国山系が近い。

琴石山を前方に見ながら中岳、石祠の鞍部、電波塔と石祠がある東岳（495㍍）と踏んで、いっ

茶臼山古墳公園から埴輪のモニュメント越しに見る琴石山

午後の逆光にきらめく瀬戸の海と島影を見ながら急坂の下山路を行く

きに南尾根を下り、ついで右下に見える舗装道に下る。そのまま歩き、三ヶ岳林道の琴石山との**鞍部**から道標にしたがって琴石山へ向かう。

鞍部から尾根道をたどる。登り一本調子でひと汗かくと、あとは平坦な展望の散策路である。50分で**琴石山**山頂の2等三角点に着く。中世山城跡で、郭跡や東尾根の肩には旗さし穴（？）跡、尾根の堀切跡などが見られる。

下山は山頂から南（海側）に向かう遊歩道をとり、展望の急崖をハラハラしながらいっきに下る。途中の巨岩には信仰の跡が見られる。さらに愛宕《あたご》神社跡の石垣をすぎ、すぐの分岐は南（海側）に向く道で、広い水平道まで下る。

ここで水平道はとらず、さらに直進して愛宕神社参道コースを下ると林道白潟《しらがた》線に出る（水平な作業道を左にたどっても林道白潟線に出る）。車道を右に行き、交差点は左に下る。続いて左手に溜め池を見ながら、道なりに**柳井港駅**を目指す。　　（中島篤巳）

CHECK POINT

四国八十八ヶ所石仏群がある大師山。ここではじめて三ヶ岳が見える

樹林帯を抜けた展望地も樹木が生長しつつある

日当たりのよい林道はササで荒れやすい。20メートルほど進んで左上に続く山道に入る

舗装路に下って少し行くと、三ヶ岳と琴石山の林道鞍部に着く

愛宕神社跡は風よけの石垣に風情があり、サクラの4月はさらによい

■**鉄道・バス**
往路＝JR山陽本線柳井駅から市立図書館を目指し、右折して図書館前を行き、施設の端で左折すれば、道なりで金剛寺だ。
復路＝JR山陽本線柳井港駅を利用。

■**マイカー**
柳井駅を目指し、そこからは前記参照。寺の許可を得て金剛寺の駐車場も利用可能。また、下山路とやない美ゅーロードとが交差する地点から東に100メートルに「琴石山パーキング」がある。駐車は30台。ここからやない美ゅーロードを西に徒歩40分で、赤い橋のある金剛寺。

■**登山適期**
盛夏を除けばいつでもよいが、特に海が澄みわたる秋やツバキの咲く冬がよい。4月のサクラもよい。

■**アドバイス**

▽この山はルートがいろいろあり、体力や時間にあわせて自由に選べる。ハイカーは琴石山だけの登山が大半である。

▽琴石山へは、JR柳井港駅から東に5分の琴石山登山道入口（解説では下山路になっている）を左折、15分で「やない美ゅーロード」下をくぐって林道白潟線分岐を左にとり、地図の緑破線を行けば、分岐から60分で琴石山山頂に立てる。

▽江戸期の史料『玖珂郡志』は「山頂には円い池があって水が涸れることはなく、水草が生えていた。また天人が降臨して琴を弾じたという岩があり、琴石とも山神の座石ともいう」「山頂には山城跡があり、城主は高井土佐守あるいは堅田という。イカチ城と呼び、堀切や鉄砲台という岩がある」という。城は「伊賀道城」、「事能（ことよし）要害」などとよばれている。

■問合せ先

柳井市役所☎0820・22・2111、柳井市観光協会☎0820・23・3655、中央タクシー☎0820・22・1955、柳井第一交通タクシー☎0820・22・0061、柳井グランドホテル☎0820・23・0030、柳井クルーズホテル☎0820・23・6000

■2万5000分ノ1地形図

大畠・柳井

←石城山全景

←貴重な遺跡・神籠石が山を囲む

03

石城山

朝鮮式山城の神籠石の大ロマン

いわきさん
362m

日帰り

歩行時間＝2時間5分
歩行距離＝6・2km

技術度
体力度

コース定数	＝11
標高差	＝272m
累積標高差	↗493m ↘493m

石城山は県内では唯一確認されている古代朝鮮式山城のひとつの「神籠石《こうごいし》式山城跡」である。円錐台状の山の九合目付近をグルリと囲む巨石壁が圧巻だ。**石《いし》ノ口八幡宮《くちはちまんぐう》下の登山口**から北に向かう。山側の黄色いガード道が三鍛冶屋《みかじや》の**石城神社口**で、この道を上がる。結界石柱をすぎるとすぐに山に突き当たり、道は二分する。左の直進する山への道に入り、主路をたどる。

登山口から25分も歩くと小さなお堂があり、尾根筋に伊賀《いが》地区への道が分岐する。右の道に入って尾根道を進む。次の分岐は道標にしたがって左の石城神社に向かえば山上である。この山では神籠石めぐりに時間を費やすのが得策だ。

道は沢を巻いて平坦になり、「西水門250㍍」の道標を左に見送ると左手に広場がある。長州藩第二奇兵隊の本陣跡と神護寺《じんごじ》跡である。そのまま大きな道を直進して**石城神社**境内を横切って藁葺きの山門を裏側からくぐると、駐車場・第二奇兵隊練兵所跡に出る。

農・鉱・武の神を祀る石城神社

前方の車道終点である峠の左斜面に小さな道が上がっている。これをとれば般山《ばんざん》神社、物部《もののべ》神社などを見送りながら10分、主路の左上が**石城山**最高峰で、高日《たかひ》ヶ岳《たけ》・高日神社がある。展望はない。

最高峰からは、東、北、西水門をめぐって（アドバイス参照）石城神社手前の分岐からもとの道を引き返す。

（中島篤巳）

■鉄道・バス
往路・復路＝JR山陽本線岩田駅か

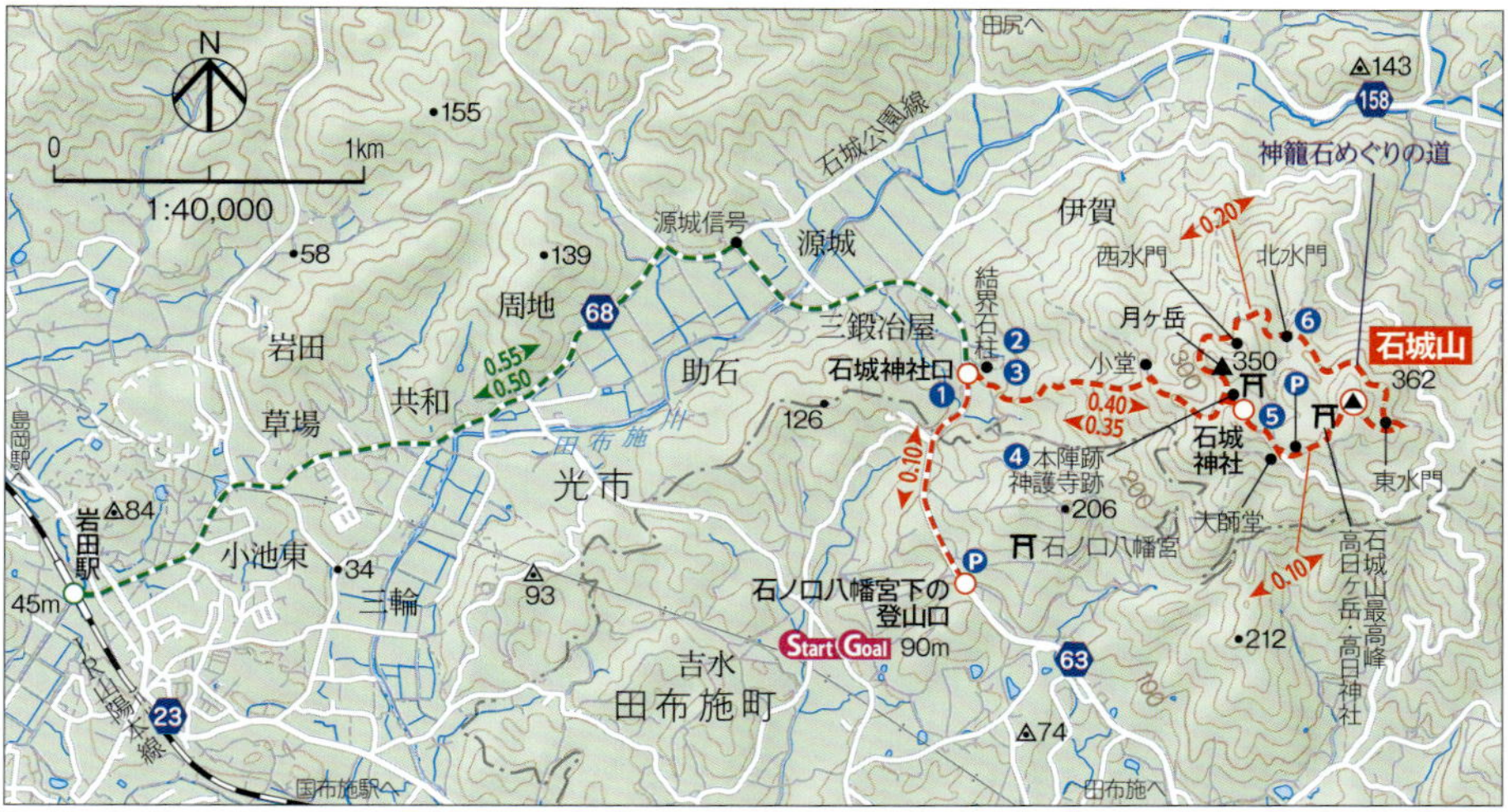

CHECK POINT

三鍛冶屋の岩城神社口。ここからすぐ上の結界石柱に向かって登る

結界石標を越えて直進すればすぐに山道となる

突き当たりの二分岐で左の山道に入る

今は静かな第二騎兵隊本陣跡。練兵場は山上の駐車場だ

山上の駐車場入口から石城山最高峰へ

北水門跡の朝鮮式石組は圧巻。何段にもなっている

ら歩く場合、県道68号を50分歩き、源城（げんじょう）交差点から県道63号に入り、5分で左上に結界石柱が2本立っている。ここが登山口。

■マイカー
JR山陽本線岩田駅から県道68号を走り、源城交差点で橋を渡って県道63号を南に走る。三鍛冶屋登山口をすぎて700㍍の峠手前に石ノ口八幡宮の参道入口があり、そこに複数台駐車可能なスペースがある。登山口へは北に下って10分足らず。

■登山適期
神籠石めぐりがこの山の目玉であり、晩秋から初冬にかけて風情がある。

■アドバイス
▽古代朝鮮式山城跡の神籠石めぐりは高日神社から直進して鳥居をくぐり、広い道に下ると左に進み、次の分岐も案内板にしたがって左に行く。東水門跡、北門跡、北水門跡と見物して竹林の登りにつく。主路をたどって西水門を左に見れば次は休憩所である。休憩所の左の小さな峰（月ヶ岳）に4等三角点がある。そのまま主路を行けば登りのコースと交差する。

■問合せ先
光市役所☎0833・72・1400、岩田タクシー☎0820・48・2050

■2万5000分ノ1地形図
柳井・光

04

大師山・白滝山（岩国市）

花崗岩の展望尾根から安芸国をのぞきこむ

だいしやま 473m
しらたきさん 458m

日帰り

歩行時間＝2時間30分
歩行距離＝4・0km

技術度 ２/５
体力度 １/５

コース定数＝11

標高差＝333m

累積標高差 ↗409m ↘409m

↑登山口から見る大師山（左）と白滝山（右）

←雨乞岩からは弥栄湖が美しい

低い割にはスリリングな楽しいルートである。四国八十八ヶ所の札所めぐりを大師山中腹ですませ、いっきに急登して大師山を越え、中世山城跡の白滝山を目指す。白亜の花崗岩が白い滝を象徴し、岩峰から眼下に弥栄《やさか》湖を見下ろせば急崖で足がすくむ。何度登ってもあきないルートである。

岸根《がんね》地区集会所から、車道を北に向かって歩くと**車道が二分**し、右の道に山に入る鉄製の階段がある。これを登り、少し荒れ加減の山道を10分歩くと大師堂があり、車道終点の駐車場手前に着く。

大師堂を少しすぎたところから右（東）に入り、石仏の山道を行く。この道は八十八ヶ所めぐりのミニ遍路道で、一巡するようになっている。ここではミニ遍路道最高点で下り道に入らず、尾根の直登路を進む。シダと灌木の急登だが、展望がよいので楽しい道になっている。30分で展望と岩の**大師山山頂**である。

これから白滝山までは展望と信仰、岩と松、灌木の50分の尾根道だ。東側に岩の間から踏跡が下っ

■鉄道・バス
往路・復路＝公共交通機関を利用しての登山は難しい。マイカー利用がおすすめだ。

■マイカー
まず岸根バス停を目指す。大竹ICから国道2号を下り、みどり橋東詰交差点で国道186号に入って西走する。弥栄湖を左に見送り、後飯谷交差点で左折して県道116号に入る。弥栄大橋を渡り、次いで百合谷橋を渡れば岸根バス停である。バス停で右折して地方道を北上すれば、すぐに岸根集会所で、数台駐車可能。

■登山適期
初夏5月のヤマツツジの時期が気持ちよく、また秋10月の弥栄湖もよい。霧の新緑も捨てがたい。

■アドバイス
▽エスケープルートとして、大師山東側鞍部から、谷筋を白滝山グラウンドに下る道がある。
▽ファミリーなら逆ルートをたどり、白滝山までの直接ルートが安全である。登山口〜白滝山間の所要は55分。小さな子供連れはザイルを用意した方がよい。
▽江戸期の史料には「城の岡」とあり、「キツネがたくさん住んでいて、峰々に火を燈して吠えた。城兵は敵襲と勘違いしてパニック状態となり、次々と谷底に落ちていった。その場所が千人崩れである」といった内容

城門跡と思われる石

ており、快適な道の中間で右手に白滝水神社への道が分かれる。2分足らずだから立ち寄っていこう。池と広い隠れ場所など、城郭の中枢部と推測されるところだ。

再び尾根道に戻り、千人崩れや雨乞岩を左に見送ると**白滝山**山頂である。眼下に弥栄湖、眼前に高《たか》鉢山《はちやま》、三倉岳《みくらがだけ》、大峯山《おおみねさん》そして羅漢《らかん》山《ざん》や寂地山《じゃくじさん》など中国山地が大きく広がる。

下山はそのまま尾根をたどる。展望はすこぶるよいが、花崗岩と岩尾根だからすべらないように下ろう。途中の岩を穿った四角い穴は、尾根の両サイドにあるので、城門の跡だろう。さらに下って大きな一枚岩の上にも円い穴があり、これが旗さしの穴と思われる。

登山道を入道岩がジャンダルムならぬミニダルムとして行く手を塞ぐ。左を巻いて抜け、鞍部で右（西）に下る。鞍部までは25分、鞍部からは谷筋を20分で岸根上部の集落を抜け、**集会所**に戻る。（中島篤巳）

CHECK POINT

1 大師堂をすぎたところから登りがはじまる

2 さわやかだが急登。ペースを落としてゆっくり行こう

3 大師山山頂。この先の岩の下りで道を失わないように

4 小さな白滝水神社。水もあり、城の本塁であったと思われる

5 白滝山山頂は広く、休憩箇所も多い

6 花崗岩と真砂土の道だからすべりやすいので気をつけて

が記されている。

■問合せ先 岩国市美和総合支所☎0827・96・1111、岩国駅構内タクシー☎0827・21・1111、双葉タクシー☎0827・41・1111

■2万5000分ノ1地形図 大竹・玖波

05

石仏に導かれて信仰の弥山道をたどり、かつての行商の道を周回する

弥山・柏木山

みせん 435m
かしわぎさん 518m

日帰り

歩行時間＝3時間45分
歩行距離＝8・0㎞

技術度

体力度

コース定数＝17

標高差＝434m

累積標高差 782m 782m

↑山麓から岩稜連なる弥山を望む

↑日宛山神社の展望台からは蓮華山、高照寺山、氷室岳などが広がる

弥山山頂には弥山社などの三社が祀られ、西中国山地の山々や瀬《せ》戸《と》内海に浮かぶ島々などが一望できる。さらに柏木山へ縦走し、周《しゅう》南《なん》市の山々を眺め、信仰と行商の弥山道、坂上《さかうえ》道を周回してみよう。

地震観測施設のある**弥山登山口**まではマイカーかタクシーを利用する。天明8（1788）年奉納の石鳥居をくぐって尾根へ取り付くと、さっそく道案内の丁塚に出合う。山頂まですべての丁塚が失われずに残っているのは珍しい。

11丁が中間点の**お休み処跡**で、山頂に建つ弥山社などを見つけることができる。この先でハイライトの岩稜歩きとなる。左右に切れ落ちた岩場をたどれば、松の多い庭園風園地が続く。やがて19丁をすぎ、急な石段を登りきると**弥山山頂**へ着く。神社三社のほか、三角点、展望台、鐘楼、火伏《ひぶ》せ地蔵など信仰の霊気がびっしり詰まっている。

柏木山へは、日宛山《ひなたやま》神社下から西へ続く参道を進み、次の**分岐**は直進方向に進む。しばらく登りが続き、ピークを越えてわずかに下

■**鉄道・バス**
往路・復路＝登山口までの公共交通機関利用は不便なため、岩国駅よりタクシーを利用するのが一般的。

■**マイカー**
岩国市の国道2号下多田から県道59号（岩国錦線）に入り、上阿品で分岐を左折し、道なりに走る。阿品集落をすぎ、下阿品の分岐は左の水平道を600㍍で地震観測施設と駐車スペースのある弥山登山口へ着く。

■**登山適期**
4月から5月は新緑、ヤマツツジが岩稜に映える。秋も紅葉と展望がよい。積雪期は岩がすべるので危険。

■**アドバイス**
▽丁塚の地蔵菩薩はすべて雲に乗った来迎像である。すなわち切なる極楽浄土への迎えを願って奉納したと思われる。
▽弥山山頂には旧阿品村、瓦谷村、日宛村の境界が集まり、阿品は岩国藩主祈願所の弥山社（弥山堂）を、瓦谷村は赤瀧神社を、日宛村は日宛山神社（弥山本社）をそれぞれ祀っている。
▽別ルートもある。国道187号岩国市の杭名小学校バス停から石の鳥居をくぐって弥山道をたどり、堰堤を渡って山道に入り、道なりに進めば1時間20分で商人休みへ着く。
▽坂上道は、玖珂方面から杭名を経て、または桑根方面から荒瀬谷を経

りたところが**変則交差点**。南の道は坂上道だが、ここでは西へ続く道に入り、小ピークの先が**柏木山**だ。山頂にはクロマツが立っていて、南に室津《むろつ》半島の山々や瀬戸内海、西に金峰山《みたけさん》、石《いし》ヶ岳《だけ》などが視界に入る。

展望を楽しんだあとは**変則交差点**まで引き返し、坂上道を南に向かう。交差点から15分程度で**弥山道への分岐**を通過、かつて商人がひと休みしたといわれる**商人休み**《あきんどやすみ》の丁字路に着く。この分岐は右が荒瀬《あらせ》、左が杭名《くいな》へ続いている。

商人休みから引き返し、先ほど通過した**分岐**を右折して弥山道に入れば、奇岩・大岩を鑑賞して**弥山山頂**へ戻り着く。なお、弥山からは往路を引き返すのが無難である。

（樋岡栄一）

CHECK POINT

登山口に建つ石鳥居をくぐって尾根へ取り付く

11丁はお休み処跡。山頂の弥山社を遠望できる

ハイライトの岩稜歩き。左右に切れ落ちた岩場へ向かう

弥山社、鐘楼堂の建つ弥山山頂

峠の変則交差点は、西が柏木山、南は商人休みへ続く

南に展望の開ける柏木山山頂にはクロマツが立っている

雪の残る日宛山神社

て商人休みにいたり、柏木山への変則交差点を北上し、美和町坂上へと続いていた。商人休みには昭和11年4月の標柱が立ち、わずか80年前まではこの道が美和へ続く主要道であったことを物語っている。

■問合せ先
岩国市役所☎0827・29・5000、JR新岩国駅☎0827・46・0655、錦帯橋バスセンター☎0827・41・2300、岩国駅構内タクシー☎0827・21・1111

■2万5000分ノ1地形図
大竹・渋前

06 中世山城の秀峰を再確認する滝見のコース

蓮華山

れんげさん
576m

日帰り

歩行時間＝2時間20分
歩行距離＝5・0km

技術度 ■■□□□
体力度 ■□□□□

コース定数＝**11**

標高差＝480m

累積標高差 ↗512m ↘512m

蓮華山全景

果樹園をすぎて振り向くと見える蓮華山

蓮華山の南麓には小さな鞍掛山《くらかけやま》がある。いずれも山城が築かれ、旧山陽道の覇権をめぐって敵対関係にあった山だ。そんな鞍掛山を横目に蓮華山登山口へのアプローチを楽しむ。山は信仰の対象でもあり、中世の要塞でもあった。山上には多老《たろう》神社跡や郭跡がある。

登山口の比叡《ひえい》神社石段前で左の舗装道を行き、植林帯に入り、次いで舗装林道との分岐は直進し、道なりに30分で**市《いち》ノ迫《さこ》観音堂**に着く。右手の道を行き、いよいよ登りにかかる。急斜面だから、谷に落ちないように注意のこと。尾根道に出ると、心地よいルートだ。

堂から25分で巻道が右に分岐する。ここは直進して左の尾根を行く。急峻だが展望を楽しみながら登れる道である。今度は右後方から**正面ルートが交わる**。これは下山で利用する。15分も汗すると、

■鉄道・バス
往路・復路＝JR岩徳線玖珂駅から登山口の比叡神社まで徒歩30分。

■マイカー
山陽自動車道玖珂ICから県道70号に入り北上、JR岩徳線を横切り、比叡神社駐車場に複数台駐車可能。

■登山適期
正面ルートの山麓は10・11月の秋にはとても和む風景となる。新緑や5月のヤマツツジのころもよい。

■アドバイス
▽蓮華山城主・椙杜隆康と鞍掛山城主・杉隆泰の戦を鞍掛合戦という。陶晴賢を厳島合戦で破った毛利元就はそのまま防長攻略の歩を進めた。旧山陽道を下り、最初の周防部の合戦がこの鞍掛山城攻略戦。椙杜隆康は毛利方、杉隆泰は大内方であった。椙杜隆康は鞍掛山城の搦手から侵入し、落城させた。今でも地元では大内方を裏切らなかった鞍掛山城の方の味方である。
▽鞍掛山へは新幹線高架手前の道を西に300メートルほど行ったところに登山口がある。20分で山頂。

■問合せ先
岩国市玖珂総合支所☎0827・82・2511、玖珂駅構内タクシー☎0827・82・2311、周東タクシー☎0827・84・0506

■2万5000分ノ1地形図
玖珂

もう2等三角点の人気の山頂・**蓮華山**城本郭跡である。かつて木の鳥居と神殿があったが、今は石祠がかつての面影をとどめるにすぎない。

下山は引き返し、先の**分岐**を左に進んで旧道を下る。「**ひよどり越**」四差路の峠では右に行き、道なりに樹林帯の中を下る。広い道が続くが、道が細くなって岩の道になると小さな沢に下る。この沢のところで、一瞬、道が消える感じがする。しかし、その後も道はしっかりと続き、巻道が谷筋まで下る。谷筋は左に下れば、左に堰堤を見送り、次いで舗装林道を横切る。里まで下ると、明るくてホッとする風景の中に居る。振り向けば蓮華山が美しい。前方のこんもりした丘が、登山口にした比叡神社社叢である。

舗装道に出て、左手に民家があるところで、田の中の小さな四差路となる。これを右にとれば、右に比叡神社社叢を見て**登山口**に着く。

（中島篤巳）

CHECK POINT

1 登山口の比叡神社石段前。左の道を行き、山に向かう

2 市ノ迫観音堂の右手から急登だ。すべりやすいの注意していこう

3 しっかりしたＹ字分岐では左の尾根道を行く。右は正面ルートへ

4 利用する下山路（左の道）が右後方から交差する

5 蓮華山山頂は、中世山城の本塁跡。時折のにぎわいがよい

6 沢沿いにひよどり越の四分岐は右に下る

07

大黒山・竜ヶ岳

江戸絵図にある大黒岩の峰から旧藩境の尖峰へ

日帰り

歩行時間＝3時間35分
歩行距離＝8・0km

だいこくやま 323m
りゅうがだけ 366m

技術度

体力度

コース定数＝16	
標高差＝320m	
累積標高差	633m
	633m

三丘ヶ岳から見る大黒山・大梅山・竜ヶ岳

大梅山への楽しい道

まばゆいほど明るいルートである。江戸時代の絵図に描かれた大黒岩の峰、小気味よい緩急で竜ヶ岳の尖峰を目の前にして進む。市街地近くの300ﾒｰﾄﾙ前後の低山で、これほど長い尾根歩きを楽しませてくれるルートはほかにはない。

パストラルホール下から車道を道なりに進み、緩やかな峠を越えて橋を渡る。左折して川の左岸を行くと、右手に野球場を見送って数分で**登山口**の標柱がある。

登山口から右手の山道をとって貧相な植林帯を登る。灌木の林に変わると展望が開け、明るくすべりやすい真砂の道を登って主尾根に立つ。

尾根道を道なりに南西に登り、登山口から25分で**大黒山**山頂、3等三角点である。旧軍の監視所跡や絵図に描かれた大黒岩がある。

大黒山からは、尾根筋をそのままたどり、アップダウンを繰り返しながら、前方に竜ヶ岳、後方に大黒山を楽しむ。

左手に反射板を見送って鞍部を渡り、最後の急斜面はロープをたどって尾根筋に立つ。**分岐**になっていて、右に尾根道を行く（左は下山に使用する大梅山《おおうめやま》ルート）。すぐに左側の展望が開けた尾根となり、楽しい山旅が続く。

竜ヶ岳尾根の登りは標高差50ﾒｰﾄﾙだが急である。大黒山から1時間

■鉄道・バス
往路・復路＝JR岩徳線周防高森駅から南下してパストラルホールへ徒歩20分。

■マイカー
山陽自動車道玖珂ICから県道70号を南に行き、次の信号で右折してパストラルホールを目標にして西に走る。

■登山適期
ヤマツツジは4月下旬～5月。または秋から初冬が明るくて非常によい。

■アドバイス
▽グラウンドをすぎ、車道が樹林の下に入ると、登山口手前の左下の川側に10台程度駐車可能な駐車場がある。ここに駐車し、車道を横切ったところに大黒山への新ルートが開かれている。小さな案内から山に入り、尾根を切ったところで左上に登り、岩を乗り越えて主尾根に立つ。そのまま尾根道をたどればよい。駐車場の利便性からして、下山時に大梅山を越えると2箇所左下の林道への道がある。この車道を下れば駐車場。
▽全般的に細い山道である。真砂土ですべりやすいところがあり、注意して歩こう。岩も多いが、気をつければさほど問題はない。
▽竜ヶ岳は江戸時代の史料では「竜子嶽」「りゅうごだけ山」とし、「天狗の休所」であるという。
▽南麓の下黒岩峡から道標にしたがって札ノ尾山を越えて歩程1時間50

CHECK POINT

1 大黒山、竜ヶ岳、大梅山を遠望する

2 大黒山登山口。道標がなければ見落としてしまう

3 大黒山から岩下り。これからもすべりやすい真砂道が続く

4 展望の尾根道を行く。明るく広い道だから楽しんでいこう

5 竜ヶ岳山頂。岩の上から大パノラマが満喫できる

6 下山は大梅山に向かう。目印を見落とさないこと

で展望がよい岩峰の**竜ヶ岳**に着く。4等三角点の山頂からは360度のパノラマで、眼下の玖珂《くが》盆地や瀬戸内海、蓮華山《れんげさん》、氷室岳《ひむろだけ》、銭壺山《ぜにつぼやま》、そして背後には大黒山と縦走路が続く。

下山は引き返して35分の**分岐**で右の尾根筋をとって大梅山に向かう。大展望の尾根をたどればよい。分岐から15分で**大梅山**だ。尾根をたどり、注意して南の急斜面を下り、左の林道への分岐を見送って尾根筋を行く。左に往路の大黒山と谷が美しい。展望は常によい。

大きな羅漢岩《らかんいわ》を右に見送り、すべりやすい真砂の禿尾根を注意して進む。北端の小さなピークから細道を右に少し下ると遊歩道に出る。遊歩道は右に巻き、道なりに下る。やがて尾根道から樹林越しの左下に駐車場を見ると、道は右下への巻道となり、周東《しゅうとう》いこいの森を抜けて丸太村に出る。丸太村をすぎれば**パストラルホール下**である。

（中島篤巳）

分のルートもある。

▽大黒岩は江戸期の史料『防長地下上申（ぼうちょうじげじょうしん）』『御国廻御行程記（おんくにまわりおんこうていき）』絵図、『玖珂郡志』などにも記載があり、古くから山陽道の目印とされていたようである。

▽大黒岩は東麓の通化寺（つうけいじ）の雪舟庭裏山の巨岩にあたる。

■問合せ先
岩国市周東総合支所☎0827・84・1111、玖珂駅構内タクシー☎0827・82・2311

■2万5000分ノ1地形図
上久原

08

烏帽子岳（熊毛）

国道2号に覆いかぶさる豪快な山

えぼしだけ（くまげ） 697m

日帰り

歩行時間＝2時間35分
歩行距離＝5・5km

技術度

体力度

コース定数	＝13
標高差	＝514m
累積標高差	↗599m ↘599m

↑南西面から望む烏帽子岳

←北西側、魚切ルートの魚切ノ滝

烏帽子岳西麓の八代《やしろ》地区は本州唯一のナベヅル越冬地として知られ、一帯が天然記念物に指定されている。市街地近くの大きな山塊で、手軽さと展望と深み感とで人気の山である。

南麓の**正蓮寺《しょうれんじ》烏帽子公園**から登る。正蓮寺橋を渡り、広い舗装道を登ってダム湖を右にしながら平坦な道を行く。山に入ると土石流で荒れた沢に驚く。道なりに行き、右岸から左岸に渡ると石段や石組のある雑木林の中だ。約30分で左の流れを渡る。いっきに高度を上げると「夜明け前に柴刈りで入山すると、ここでニワトリの声を聞いた」という**ニワトリ石**である。

さらに崩落で姿を変えた沢道をたどり、突き当たりで右にとって544㍍峰の鞍部に立つ。大将軍ま

■**鉄道・バス**
往路・復路＝JR岩徳線高水駅前で左（北東）に行き、岩徳線を渡り、北上して高水公民館、高水小学校を見送って国道2号に出る。枝道があるが、JR山陽新幹線下をくぐる。大歳バス停から北西に上がり、登山口の正蓮寺烏帽子公園駐車場まで行く。駅から徒歩35分。

■**マイカー**
山陽自動車道熊毛ICから県道8号を北上（左折）し、原交差点を右折して国道2号大歳バス停まで行く。そこから地方道を北西（左折）に上がれば正蓮寺烏帽子公園駐車場登山口。数台駐車可能。

■**登山適期**
ナベヅルが飛来する10月下旬から12月中旬の無積雪期がよい。飛来の有無は周南市熊毛総合支所で確認できる。

■**アドバイス**
▽下山に利用してもよいが、ツルの八代地区からのルートもよく利用される。八代バス停からツル監視所をすぎ、上魚切でコンクリートの魚切橋を渡って数十㍍で右手に登山口がある。これから東に向いて山に入り、道なりに進む。植林帯の道を、流れを左にしながら30分で魚切ノ滝である。次々と滝が現れて楽しいところだ。最後の滝を左に見送ると谷の上部に着き、分岐に出合う。これは左

で約30分の地点だ。

鞍部から再び谷筋を行く。今度は広く明るい谷である。松と雑木の林だが、「ニワトリ石」の伝説からして、昔はこの付近が草原であり、飼料や肥やし用の草刈にここまで登っていたと推測するに難くない。

続いて谷は右にゆっくりカーブし、再び尾根の鞍部に出る。尾根を左に行けば展望の**大将軍**（680メートル）ピークである。石祠や石灯篭などがある。展望は瀬戸内海から西中国山地までの広がりで、ルート上最高のポイントである。

山頂へはあと10分だ。手すりの石段を下り、広い尾根筋から左の谷を渡ると東西に走る主稜に出る。右に行けばすぐに2等三角点の**烏帽子岳**山頂だ。展望は尾根から得られる。

下山は往路を戻る。（中島篤巳）

▽正蓮寺烏帽子公園ではロウバイ、サクラ、ボケなどの花が楽しめる。紅葉は魚切ノ滝コースから登った園地にイロハカエデの林が美しい。

に進んで橋を渡り、イロハカエデの林を抜け、次の橋を渡って車道に出て左に進む。石の鳥居をくぐり、主尾根に出て、尾根筋を左に登る。本文で紹介した道の分岐を右に見送ると山頂だ。

■問合せ先
周南市熊毛総合支所☎0833・92・0001、防長交通周南営業所☎0833・43・2200、熊毛タクシー☎0833・91・0111

■2万5000分ノ1地形図
菅野湖・呼坂

CHECK POINT

登山口の正蓮寺烏帽子公園。数台駐車可能で、トイレもある

山道に入ると棚田跡があり、生活の跡を踏みながら行く

最初の一服地がニワトリ石。歩きやすい道が続く

大将軍展望所。ルートのハイライト・ポイントだ

山頂に向かう道。主尾根に出ると北側のルートと交わる

山頂は木が切り払われ、今では展望の山頂になった

09

旧山陽道を押さえる急崖に残る山城の石組み

三丘ヶ岳・平家ヶ城

みつおがだけ
へいけがじょう

319m
300m

日帰り

歩行時間＝2時間50分
歩行距離＝7・5㎞

技術度

体力度

コース定数＝15

標高差＝275m

累積標高差 701m 701m

紹介するコースは、荒れているのか、いないのか、表現し難いルートだ。ルートファインディングに少し緊張感を伴う。中世山城跡であり、民間信仰や生活の匂いも残る山でもある。

ルートは中国電力の巡視路を利用する。まずは主稜線までの30分だ。**登山口**を出発、谷の右手から山に入り、道なりに沢を渡ると急登し、続いて山腹を横切る道となる。右に谷を見ながら行き、沢の上部で小さな竹林に入る。尾根に出ると高圧線鉄塔があり、展望が開ける。北東眼前が三丘ヶ岳だ。

支尾根の道が沢の巻道にかかる（ここは崩れて道が少し見つかりにくくなることがあるので注意）と**主尾根の分岐**である。ここでは寄り道して、左（南西）にとり、山麓からよく見える夫婦岩まで行く。すぐに鉄塔の展望地、そして夫婦岩までは10分である。**夫婦岩**《めおといわ》は西麓の高水《たかみず》神社の奥の院であり、夫婦の巨岩の間には祭壇が置かれている。

主尾根の分岐まで引き返して、主尾根をさらに15分で雑木林の中、右に三丘ヶ岳への細い道が**分岐**している。この道を行き、目印のテープを見ながら15分で**三丘ヶ岳**（城山《じょうやま》）山頂（3等三角点）だ。樹林の中だが、展望は北面が開けている。尾根を南に2分下って尾根の左（東）下を探すと城郭跡の小さな石組や堂跡の展望所がある。

↑筏場橋から見る三丘ヶ岳

←信仰の夫婦岩

■鉄道・バス
往路・復路＝JR岩徳線高水駅からタクシーで筏場へ。筏場橋を渡り左折、「玖珂18」の高架下先が登山口。

■マイカー
山陽自動車道熊毛ICから県道8号を南下し、八幡所で左折（東向き）し、永代橋を渡って小周防交差点で左折して県道144号を北東に走る。筏場で筏場橋を渡り、左折して「玖珂18」の高架下をくぐると数台の駐車スペースがある。

■登山適期
盛夏を除けばいつでもよいが、新緑の5月か、秋から初冬が歩きやすい。

■アドバイス
▽国土地理院の地形図では「城山」だが、俗称だろう。江戸期史料『防長風土注進案』には「広末に三丘ヶ岳という古城跡があり、頂上を本丸と呼び、他にも釣井之壇、長屋之檀などという地名がある」といった内容がある。
▽夫婦岩は西麓の高水神社奥の院だが、『防長風土注進案』は「高水三所大権現」とし、「昔、紀州熊野の三所大権現がこの地に降臨した時、影向石（夫婦岩をさす）に火が燈った」とある。この山も熊野の山岳修験の山であったということである。
▽筏場橋のところに案内板がある。付近には右田毛利の祖である毛利元政の宝篋印塔墓や、珍しいものでは

引き返して10分で主稜の**分岐**である。主尾根を北にとれば眼前の平家ヶ城はもうすぐだ。振り向いて、歩いて来た縦走路を見てから**平家ヶ城**山頂を越えよう。

展望はなおも続く。明るい尾根を真北に下ると20分で玖珂《くが》郡と熊《くま》毛《げ》郡、すなわち岩国《いわくに》藩と萩《はぎ》本藩との境界の**中山《なかやま》峠**である。車道は旧山陽道で、峠のすぐ近くには右に水場、左のササの中は今は消滅した駕籠立場《かごたてば》跡である。

車道は東に下り、西国三十三ヶ所札所の石仏が並ぶ廃寺を左に見送って街並みに入る。カーブミラーの辻の右方にりっぱな塀があり、そこから右に曲がって**淡海道《たんかいどう》に入る**。淡海道は県道144号と川をはさんで並行する道で、古道の雰囲気を残し、墓跡や淡海和尚の碑や堂宇跡がある。

この古道は少し荒れ加減だが、広いので歩きやすい。田圃道、山中の道と続き、高速道路下に出る。ここで右の舗装道に入り、高速道路山側の側道を行き、「城山橋」で高速道路を渡る。そのまま舗装道を南に下れば、途中に毛利元就の「歯廟《しびょう》」があり、筏場《いかだば》橋に下る。**登山口**はすぐそばだ。　（中島篤巳）

毛利元就の歯を供養した歯廟がある。また淡海和尚は貞昌寺の住職であり、高森と小周防を結ぶ道路が島田川の氾濫で通れなくなること頻繁であったため、天保2（1831）年に島田川右岸1・5キロの道を開いた。これが古道の淡海道である。

▽温泉は三丘（みつお）温泉がある。

■問合せ先

周南市役所☎0834・22・8211、徳山駅前バス案内所☎0834・21・2201、周東タクシー☎0827・84・0506

■2万5000分ノ1地形図

上久原・呼坂

CHECK POINT

1 登山口駐車場。複数台駐車できる

2 登山口。駐車場の右側にある

3 主尾根に出る。ここで左に進み、いったん夫婦岩に向かう

4 右にテープを見て三丘ヶ岳山頂へ。この分岐は要注意

5 淡海道は田圃道から森へと入る

6 毛利元就の歯廟。珍しい遺跡だから見ていこう

10

日帰り

観音寺巡拝路から北辰妙見の降松神社へ続く信仰の道をたどる

虎ヶ岳・烏帽子岳（下松）

とらがだけ　414m
えぼしだけ　412m
（くだまつ）

歩行時間＝4時間
歩行距離＝12・6km

技術度
体力度

コース定数＝21
標高差＝401m
累積標高差　958m　958m

場正第一踏切を渡り、三島橋から虎ヶ岳を望む

←烏帽子岳山頂から眼下に住宅地、遠くに金峰山を見晴らす

十二支の寅にあたる身近な山名を持つ虎ヶ岳は、周南市《しゅうなん》と光市《ひかり》の境にそびえ、その展望のすばらしさから多くのコースが開かれている。その中で、公共交通機関を利用し気軽に山頂に立てるのが八十八ヶ所巡拝路をたどる観音寺《かんのんじ》コースである。

ＪＲ山陽本線**島田駅**《しまた》を下車し駅前を右折、この先の交差点を右折し、場正《ばしょう》第一踏切を渡れば島田《しまた》川にかかる三島《みしま》橋へ。橋の袂から右前方にそびえる虎ヶ岳を眺めながら北へ進み、信号のある交差点を直進、次の分岐は左の道を行く。岩狩《いわがり》団地の中央を進み、障害者支援施設ひかり苑、定光寺《じょうこうじ》への分岐をそれぞれ左に見送れば、左側に**虎ヶ岳観音寺コースの登山口**案内が立っている。なお、マイカーの場合は50㍍先右側に駐車スペースがある。

車止めの横から広い作業道を進

■鉄道・バス
往路・復路＝ＪＲ山陽本線島田駅下車。ここから歩きはじめる。

■マイカー
登山口先の水道施設タンク横に10台程度の駐車スペースがある。

■登山適期
盛夏を除けばいつでもよいが、新緑とヤマツツジの5月、紅葉時期が特におすすめ。

■アドバイス
▽下山に常安寺正面コースを利用する場合、常安寺から車道を道なりにたどり、院内地区の丁字路を北へ進めばＪＲ岩徳線大河内駅へ着く。常安寺から大河内駅まで歩行約40分。
▽観音寺は弘治永禄年間に亡廃しており、現在は観音寺という地名のみ残っている。
▽観音寺の八十八ヶ所霊場に置かれた石仏には文化年間（1804年～1818年）のものもあり、少なくとも江戸時代にはこの地を四国になぞらえて八十八ヶ所の霊場を勧請し、信仰したものであろう。家族に病人が出ると石仏に手を合わせ、巡拝をしたそうだ。
▽光市役所三島出張所の西側に三島温泉健康交流施設ゆーぱーく光があり入浴可。

■問合せ先
光市役所三島出張所☎0833・77・0411、近鉄タクシー☎083

み、坂の傾斜が緩むころに石仏が現れる。ここで案内にしたがい広い道から離れて左上に続く**巡拝路**に入る。尾根の西側につけられた道を石仏に見守られながらたどり、高度が上がれば平坦な尾根上で巡拝路と別れる。少し高度を上げると眼下に小周防《こずおう》方面の展望が樹間越しに広がるので、小休止を兼ねて眺めておこう。次の分岐は直進方向が険しい急登、左は緩やかな巻道である。いずれも先で合流し、明確な尾根道をたどれば、やがて**市境界稜線**へ出る。右道は渓月院《けいげついん》方面で、虎ヶ岳へは左（西）に向かう。途中左に三井《みい》定光寺コース、その先の右に熊毛《くまげ》常安寺《じょうあんじ》正面コースを見送ると明るい**虎ヶ岳**山頂へ着く。息を呑むようなパノラマが広がり、前面に瀬戸内海、背後に馬糞《ばふん》ヶ岳《だけ》など西中国山地の山並みがすばらしい。

　虎ヶ岳から西に見える烏帽子岳までは25分の行程。広い尾根を進み左に茶臼山《ちゃうすやま》への分岐を見送ると2等三角点の**烏帽子岳**山頂である。北に下松《くだまつ》市や周南《しゅうなん》市の住宅街、南には蛇行する島田川など明るい展望が広がる。さらに尾根を5分で妙見石祠があり、これを右に行けば**降松《くだまつ》神社**だ。

　下山は往路を引き返す。

（樋岡栄一）

3・72・0123、西部光タクシー☎0833・71・0001、三島温泉健康交流施設ゆーぱーく光☎0833・76・0666

■2万5000分ノ1地形図
呼坂・光

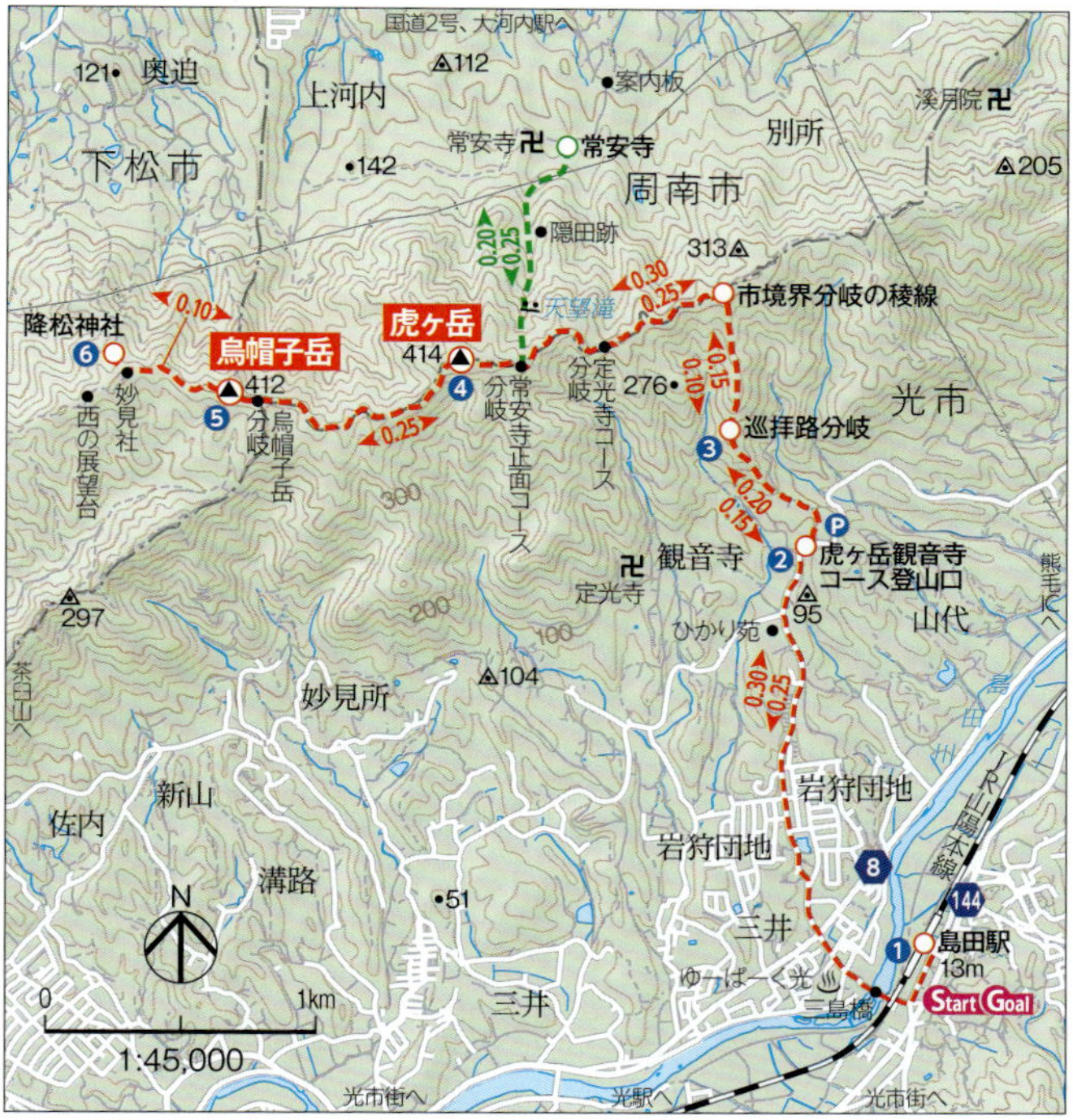

CHECK POINT

JR島田駅より歩きはじめる

虎ヶ岳観音寺コース登山口。車止めチェーンの右側を進む

八十八ヶ所巡拝路に並ぶ石仏には多くの願いがこめられている

虎ヶ岳山頂は平坦で明るく、息を呑むような展望が広がる

展望広がる烏帽子岳山頂には、新旧の三角点がある

妙見石祠の分岐を右折し、北辰妙見の降松神社へ参拝する

11

周南コンビナートや「星降るまち」、下松を眺望する周回コース

茶臼山・大谷山

ちゃうすやま　349m
おおたにやま　276m

日帰り

歩行時間＝2時間5分
歩行距離＝6・0km

技術度
体力度

コース定数	＝12
標高差	＝319m
累積標高差	600m / 600m

↑大谷山から眺める茶臼山

←茶臼山の山頂からは周囲360度の展望が広がる

茶臼山は下松《くだまつ》市と光《ひかり》市の境界近くにそびえる南北朝時代の砦跡（高鹿垣《たかしがき》）で、南朝方の大内弘世が北朝方の傍系鷲頭氏を攻略した古戦場である。山頂に立てば海岸線に続く周南コンビナートはもとより、瀬戸《せと》内海に浮かぶ笠戸島《かさどじま》や大《おお》津島《づしま》、九州国東《くにさき》半島、四国佐多《さた》岬など、大展望が多くの登山者を誘う。ここでは登山者に人気の東豊《ひがしとよ》井《い》コースを紹介する。

県道366号徳山下松《とくやまくだまつ》線の豊井東バス停から東に位置する豊井小学校を目指し、右に校門をすごした先の左側に白い手すり付き階段がある。階段先に祀られた八坂《やさか》神社の奥が下松バイパス**大谷《おおたに》パーキング**だ。マイカーの場合はここに駐車し出発する。

バイパスを横切る豊井歩道橋を渡り、正面の法面に続く道をたどる。最初の分岐で右道を行き、第1鉄塔をすぎれば、左に大谷ダムへの分岐を見る。帰路に本屋根《ほんやね》コースから大谷ダムを経由する場合、この地点に着くので覚えてお

■鉄道・バス
往路・復路＝JR下松駅より防長バス柳井駅前行きまたは中国JRバス室積公園口行きに乗り、豊井東または東豊井バス停で下車（いずれも同じ場所）する。

■マイカー
国道188号下松バイパスの大谷パーキングへ駐車し、歩きはじめる。

■登山適期
新緑と紅葉の時期が特におすすめ。低山なので真夏は避けた方がよい。

■アドバイス
▽登りに利用する東豊井コースは鉄塔巡視路を利用しており、道幅が広く傾斜も緩やかなので登山初心者やファミリーハイクにもおすすめ。
▽下山に本屋根コースを登る場合、大谷山先の展望地をすぎたら大谷ダムへ下る左側の分岐を見落とさないこと。
▽俗にいう「周南アルプス」は光市小周防の渓月院から虎ヶ岳を経由、烏帽子別れで烏帽子岳を往復。葉山手前で北に深切山・鷲頭山へのコースを分け、葉山を経由し茶臼山へいたるロングコース。一日で踏破するには相応の体力を要するが、縦走路へ続くサブルートを利用し、分けて登れば、比較的簡単に完全縦走ができる。
▽瀬戸内海に浮かぶ笠戸島の国民宿舎大城には温泉施設があり、日帰り入浴可。

こう。

　やがて南に展望が広がり、笠戸島や太華山《たいかざん》など瀬戸内海の展望がすばらしい。この先からしばらく展望と別れ、周囲に現れる鉄塔の数を数えながら尾根道を進もう。ベンチの置かれた**展望地**に着けば、眼下に多島美が広がる。

　第7鉄塔横を通過すれば丁字路に出合う。山頂へ向かって分岐を左折、明るい尾根道の先で右に虎《とら》ケ岳《だけ》へ続く茶臼別れ《ちゃうすわかれ》をすごす。さらに北へ進めば一段高い場所が3等三角点の置かれた**茶臼山**の山頂である。

　下山は往路を引き返してもよいが、本屋根コースをたどり、大谷ダム経由で登山口へ戻る周回も楽しい。茶臼山から進路を北に、快適な尾根道を歩くこと25分で4等三角点が置かれた**大谷山**へ着く。さらに周南コンビナートや下松市街などが一望の展望地をすぎ、大谷ダムへの案内を確認して分岐を左折、ここで本屋根コースと分かれる。次の分岐は直進が岩尾根、右は巻道で、いずれも下った先で合流。大谷ダムを渡って対岸へ着き、次の分岐は道なりに水平道を行く。山腹に続く道を慎重に進めば、竹林の先で往路の東豊井コースへ戻る。

（樋岡栄一）

CHECK POINT

大谷パーキングを出発し豊井歩道橋を渡る

大谷ダム分岐。下山に本屋根コースを行けばこの場所へ戻る

展望地から瀬戸内海の多島美が広がる

茶臼山山頂は市民憩いの場。手製のベンチが置かれている

本屋根コースで大谷山の山頂を踏む

本屋根コースから大谷ダムへ向かう

問合せ先
下松市役所☎0833・45・1700、JR下松駅☎0833・41・0007、防長バス周南営業所☎0833・43・2200、中国ジェイアールバス周防営業所☎0833・71・0302、国民宿舎大城☎0833・52・0138
2万5000分ノ1地形図
光

12

かつての軍港に突き出た展望の半島を縦走

太華山

たいかざん 362m

日帰り

歩行時間＝4時間35分
歩行距離＝13・5km

技術度 体力度

コース定数＝21

標高差＝356m

累積標高差 785m 785m

←対岸から望む太華山全景

←眼下に広がる石油コンビナート

徳山《とくやま》湾は旧帝国海軍の要港であり、戦艦大和最後の出撃では燃料を片道という命令を無視して、満タンで送り出した優しい海である。

登山道は、徳山湾と笠戸《かさど》湾を分ける大島《おおしま》半島の明るい稜線に続いている。**登山口**から石段を登り、鳥居をくぐって遊歩道を進む。左に灯籠や基壇が残る大島不動尊仮安置所跡を見送り、温暖な半島の深い森を行く。

車道に出合うと、右に数10メートルで左上に登るルートがある。小さな沢にかかる赤い鉄製の橋を渡り、道が大きく左に折れると、水神、弘法大師、修験道など八百万の仏神が並ぶ一大信仰地に着く。石神や石仏の表情が豊かで、心落ち着く場所である。

少し登ると車道終点で、トイレもある。そのまま左前方の広い石段を登ると2等三角点の**太華山**山頂だ。文字通り360度の展望で、西に徳山湾、東に笠戸湾、眼下に巨大な周南《しゅうなん》コンビナートが広がる。素朴な不動明王も祀られてい

■**鉄道・バス**
往路・復路＝JR山陽本線櫛ヶ浜駅下車。駅前の車道をを東に向かい、10分で堀川交差点を左折する。最初の橋を渡って左折し、堀川橋信号で左折して旧道を行き、15分で徳山養護学校（総合支援学校）手前、左に石段と石の鳥居がある地点が登山口。

■**マイカー**
右記にしたがって登山口へ。近くに広い華西公園駐車場がある。

■**登山適期**
盛夏は厳しい。10～12月中旬ごろが海が澄みわたって四国、九州が近い。

■**アドバイス**
▽帰路は獅子岩から往路を引き返す方がよい。
▽徳山湾守備のため太華山山頂に高射砲が設置され、その時に山頂が15メートル削平されたという。そのために山頂に鎮座していた大島不動尊は登山口から5分の不動尊仮安置所に移されていたというわけである。
▽山頂と直下の信仰地一帯には不動明王や蔵王権現を示唆するような石像が多い。石鎚山に関係する比較的新しい修験場だろうが、昔から山頂に防府毛利の守護仏・不動明王が置かれていたので修験者が入りこみ、信仰地を開いたのだろう。

■**問合せ先**
周南市役所☎0834・22・8211、徳山駅前バス案内所☎0834

て、北西の四熊《しくま》ヶ岳《だけ》の権現、北の金峰山《みたけさん》の権現とともに神威防衛線を張り、徳山毛利《もうり》藩を守護していたという。

山頂から南西の広い山道をたどる。石碑や電波塔などを見送り、次いで車道を横切って山道を行く。再び車道に出て、携帯電話のアンテナ塔で左の山道に入り、尾根を行く。明るく広い道が続く。

太華山から25分で4等三角点の**牧《まき》ヶ岳《だけ》**山頂を踏み、35分で4等三角点の**水谷山《みずたにやま》**を越えると展望がさらによくなり、10分で展望台の**獅《し》子《し》岩《いわ》**に着く。絶好の休憩地だ。

獅子岩からは展望のない巻道を下り、**車道**に出る。右に進み、淡々と車道を歩く。車道は出光興産大浦《おおうら》油槽所の管理道のようで、消化装置がフェンスに並んでおり、車道歩きは禁煙だ。道中は豊かな植生を楽しめるが、2時間を超える車道歩きにウンザリするだろう。**三差路**からは右に約50分で**登山口**だ。

なお、この車道歩きを避けて、獅子岩から往路を引き返すと、1時間45分で登山口に戻る。

（中島篤巳）

・21・2201、第一交通（タクシー）☎0834・21・0015、三和タクシー☎0834・31・3355、東横イン徳山駅新幹線口☎0834・32・1045、アルファーワン徳山☎0834・21・8855

■**2万5000分ノ1地形図**
徳山・笠戸島

CHECK POINT

1 登山口に説明板がある。石段を登り、鳥居をくぐる

2 舗装道から遊歩道に入ると思いのほか、森が深い

3 車道を右に行き、左上の階段を上がる。再び心地よい道だ

4 信仰の地には種々雑多な神仏が祀られている

5 車道終点駐車場は山頂直下で、トイレもある

6 山頂は公園であり、軍の遺跡のレンガも見つかる

13

狗留孫山・鷲ヶ嶽

三十三観音霊場と穴観音めぐり

くるそんさん　510m
わしがだけ　544m

日帰り

歩行時間＝3時間15分
歩行距離＝6・8㎞

技術度 1/5
体力度 1/5

コース定数＝15
標高差＝481m
累積標高差 ↗697m ↘697m

狗留孫山は徳地《とくぢ》町の中心部から佐波《さば》川をはさんで北西にそびえる大きな山である。古くは「観音嶽《かんのんだけ》」といわれ、八合目付近に狗留孫山の山号をもつ金徳寺《きんとくじ》があったそうだが、やがて廃寺となり、現在は奥の院である庄方《しょうかた》観音堂のみが残っている。

出雲出合橋の先にそびえる狗留孫山。麓の瓦屋根は法華寺

観音《かんのん》入口バス停からわずかに北へ進み、出雲出合《いずもであい》橋の交差点を左折すると登山起点の**庄方観音法華寺《ほっけじ》**へ着く。マイカーの場合は西側の法華寺駐車場を使用させていただき、歩きはじめよう。

奥の院の庄方観音堂横に祀られた勅願岩

寺の右横から北へ進み、右に1丁を見て左上に続く石段に取り付く。中国自動車道にかかる法華寺橋を渡って左折すれば登山道入口だ。階段に取り付き、2丁をすぎ、石鳥居をくぐれば3丁、この先道案内の石仏を数えながら信仰の参道をたどる。やがて15丁**「狗留孫山霊場に入る」の石碑**をすぎれば御詠歌岩へ到着。大岩には「八重かすみ　峰よりかけて狗留孫の仏のちかい　たのもしきかな」と彫られている。

この先で右に1番から10番の観音めぐりが分岐するが、そのまま主路を行き、周囲に老杉の巨木が増えてくれば、**奥の院**へ着く。奥の院へ参拝し、宝篋印塔先の分岐は左に行く。左下に穴観音への道

■**鉄道・バス**
往路・復路＝JR防府駅から堀行き防長バスに乗り観音入口バス停へ。

■**マイカー**
法華寺西側の駐車場を利用する。

■**登山適期**
四季を通じてよいが、初夏のヤマツツジ、秋の紅葉のころが特におすすめ。

■**アドバイス**
▽「狗留孫仏」とは釈迦と釈迦より以前に存在していたとされる6つの仏、合わせて7つの仏の中で4番目に現れた仏で、「狗留孫」は梵語で心願成就の意味をもつ。
▽登山口の法華寺は金徳寺との関連が深く、行基作といわれる聖観世音仏が安置され、「庄方観音」として近郷に知られている。
▽庄方観音堂は近年傷みが目立ち、屋根瓦の崩落が見られるため、観音堂へ近づきすぎないよう注意。
▽穴観音の「穴」は岩中で上方へのびる不思議なもので、穴観音に対して勅願岩を男魂岩といい、男女に見立てている。
▽徳地の中心部から国道376号を周南市方面へ約7㌔進むと日帰り温泉のロハス島地温泉があり入浴可。

■**問合せ先**
山口市役所徳地総合支所☎0835・52・1112、防長交通防府営業所☎0835・22・3765、平和タクシー☎0835・52・1500、

が分岐するが、かまわず直進し、13番観音仏で南を向けば東方遙拝所の展望地、周囲には大平山《おおひらやま》など山口県中部の名峰がずらりと並ぶ。

磨崖仏を鑑賞、26番観音仏の先で左上へ続く分岐に入って高度を上げると、石仏の置かれた**狗留孫山**山頂へ着く。展望は東側が開けており目線の先に石《いし》ヶ岳《だけ》や千石《せんごく》岳《だけ》、眼下に徳地の田園風景が続く。ひと休みしたら、さらに展望の優れた三角点峰の鷲ヶ嶽へ周回しよう。

明確な尾根道を北へ進むと進路は自然と西へ向き、わずかに下って登り返せば穴観音と鷲ヶ嶽の**分岐**へ着く。分岐を右折して道なりに進み、急斜面を下って登り返せば、2等三角点の置かれた**鷲ヶ嶽**へ着く。千石岳、四熊《しくま》ヶ嶽《だけ》、大平山、矢筈ヶ岳などすばらしい展望が広がる。

下山は穴観音の**分岐**を右折、斜面を下って巨岩の横を抜ければ、中央部にぽっかり穴の空いた**穴観音**へ着く。穴観音から道なりに進み、最後に少し坂を登れば最初に**分岐**した主路へ合流、あとは往路を引き返す。（樋岡栄一）

島地タクシー☎0835・54・0102、ロハス島地温泉☎0835・54・4545

■2万5000分ノ1地形図
堀

CHECK POINT

登山起点の法華寺にはトイレもある。マイカーの場合、西側の駐車場を利用させてもらう

15丁に立つ「狗留孫山霊場に入る」の石碑。すぐ先には御詠歌岩がある

奥の院の庄方観音堂。奥に勅願岩が立っている

石仏の置かれた狗留孫山山頂。登山道はさらに鷲ヶ嶽へ続く

三角点の置かれた鷲ヶ嶽山頂。眼下に佐波川などの展望が広がる

帰路に立ち寄る観音岩の中央部にはぽっかり穴が空いている

14

巨岩群に展望テラスと宿営の室がある人気の山

白石山

しらいしやま
541m

日帰り

歩行時間＝1時間40分
歩行距離＝3・6㎞

技術度 体力度

コース定数＝9
標高差＝281m
累積標高差 420m 420m

登山口から眺める白石山

物見岩で目にする風景は圧巻だ

泊まることも可能な接待岩

風化花崗岩がつくりあげた風景が驚異的である。特に九合目の展望一枚岩と山住坊《さんじゅうぼう》という行者が住んで修行したという大岩窟などは、他では類を見ない造形である。ハイカーに人気があり、ルートの状況はとてもよい。巨岩と樹林で守られ、少雨でも決行できる楽しい山である。

白石山登山口から登る。右（正面）の道を行き、谷筋から尾根に取り付き、左に行く。尾根筋の道が左斜面を巻き、尾根を横切り、そして左斜面を巻いて進むようになると、右に大岩への道が分岐する。大岩は近いので立ち寄ってみよう。大岩の左から登ると北面の展望が楽しめる。

ルートに戻り、左斜面のトラバースを続ける。ルート脇には巨岩

■鉄道・バス
往路・復路＝JR山口駅から白石口バス停までのバス路線はあるが、便数が少なく、登山に利用するのは難しい。

■マイカー
中国自動車道徳地ICから国道489号に出て右折して北上。八坂で県道26号と右に交差して、さらに2㌔ほど走り、再度県道26号に出合ったら左折して西走すると夏焼地区。白石口で左折して地方道をたどる。案内にしたがって2つ目の辻を左折、次を右折すれば白石山登山口駐車場に着く。

■登山適期
春か秋がよい。梅雨時も霧が流れて荘厳な雰囲気を醸し出す。

■アドバイス
▽岩や樹林で雨の勢いが弱まるので、雨の日に傘をさし、接待岩で食事会などとのんびり登るのも一興である。ただし岩がすべるので注意。
▽山住坊は「山に住む坊さん」であり、接待岩で寝起きしていたのだろう。接待岩は夏でも涼しいので、宿営するつもりならセーターを用意しておこう。
▽雪の岩上はすべるので注意。

■問合せ先
山口市徳地総合支所☎0835・52・1112、防長交通防府営業所☎0835・22・3765、平和タク

が次々と現れ、それぞれに名前がつけられている。覚えきれないので無視していこう。

尾根を2回横切ると左に道が1本下っている。これは下山時に利用する道だ。展望は相変わらず開けないが、雑木と風化花崗岩がつくりあげた風景はあきることがない。

道なりに右に曲がって谷を登ると、苔むした巨岩群の不思議な空間に着く。登山口から50分の地点である。木彫りの白石観音を祀る観音岩、十人程度が入れる巨岩の窟（接待岩）では水も湧いており、宿営も可能だ。すぐ上の尾根の物見岩からは蕎麦《そば》ヶ岳《たけ》、真田《しんた》ヶ岳《だけ》、大平山《おおひらやま》、金峰山《みたけさん》など東面の風景が大きく開ける。

さらに尾根を西にたどって5分で3等三角点の**白石山**山頂である。物見岩から見えなかった西面が開け、龍門岳《りゅうもんだけ》、高羽《たかば》ヶ岳《だけ》、十種《とくさ》ヶ峰《みね》の姿がよい。

下山は引き返して「下山口（引《ひき》廻《まわし》方面）」の道標にしたがって右下に下る。すぐに急勾配となり、おもしろい。七間岩《しちけんいわ》、こうもり岩、舟岩《ふないわ》など巨岩が名前を連ね、道なりに下ると林道に出て川を渡る。車道の交差点は左にとり、農作業の物置小屋を右に見送ると右上に道が分かれている。これを行けば駐車場の**登山口**である。

（中島篤巳）

シー☎0835・52・1500
■2万5000分ノ1地形図
仁保

CHECK POINT

登山口・駐車場は10台以上のスペース。右方から山に入る

歩きやすい山道が続く。雑木と岩とで、雨の日も登りやすい

下山時に利用する「引廻」ルート分岐点

累々とする巨岩のひとつに白石観音がある

山頂の3等三角点。展望もなく、地味な山頂だが、心地よい

林道を下り、橋を渡ると、この一本道で登山口へ

15 地元有志により整備されたファミリーコース

蕎麦ヶ岳

そばがだけ 557m

日帰り

歩行時間＝1時間30分
歩行距離＝3・9㎞

技術度
体力度

コース定数＝7	
標高差＝294m	
累積標高差	330m（登り） 330m（下り）

山口《やまぐち》市の中心部から東を眺めると、頂上部分に蕎麦の実を載せたような尖峰がそびえている。この山が蕎麦ヶ岳で、山頂からは周囲360度の展望がすばらしく、県央の山々はもちろんのこと、空気の澄んだ日には瀬戸内海をはじめ、遠く九州まで眺望が広がる。一貫野《いっかんの》地区から登るメインルートは歩きやすく、ファミリー登山におすすめである。

登山口まで公共交通機関はなくタクシーまたはマイカーを利用する。JR仁保《にほ》駅から国道376号を徳地《とくぢ》方面へ約3・5キロ進み、坂《さか》本《もと》川にかかる坂本橋手前の交差点を「奈美《なみ》」の案内にしたがって右折、県道197号に入る。そのまま道なりに5キロ進めば仁保中郷《にほなかごう》の一貫野地区だ。県道の左を流れる一貫野川が右に横切る地点にかかる永長《えいちょう》橋が登山口への目印となる。橋の手前で登山口の案内を確認して右折するとすぐに**登山口**の

↑真田ヶ岳から眺める尖峰の蕎麦ヶ岳

←山頂からは東西の鳳翩山など、山口県中部の山々が一望できる

■**鉄道・バス**
往路・復路＝登山口までの公共交通機関利用は不便なため、JR山口線仁保駅よりタクシーを利用するのがよい。

■**マイカー**
登山口手前に無料駐車場がある。

■**登山適期**
年間を通していつでも登れるが、低山なので盛夏は避けた方がよい。

■**アドバイス**
▽登山口近くにある「一貫野の藤」は全国から写真愛好家が集まる絶好の撮影スポットで、毎年5月の連休ごろに見ごろを迎える。
▽JR仁保駅は蒸気機関車「SLやまぐち号」の停車駅。津和野行きSLは篠目駅まで続く連続勾配を乗り切るための準備や点検を仁保駅で行うため停車時間が長く、格好の撮影スポットになっている。
▽仁保に建つKDDI山口衛星通信所は、世界でも最大級の衛星通信所であり、施設横に隣接するKDDIパラボラ館では海外との通信の仕組みなどが説明されている。

■**問合せ先**
山口市仁保地域交流センター☎083・929・0411、JR山口駅☎083・924・3581、大隅タクシー☎083・922・0860、KDDIパラボラ館☎083・929・1400

CHECK POINT

一貫野川にかかる永長橋手前を右(西)へ進む

登山口手前には駐車場が整備されている

登山道脇の滑滝。登山道には一枚岩が多い

石積み堰堤を眺めながら登山道をたどる

最初のピーク手前の鞍部は左へ進路をとる

真砂の美しい蕎麦ヶ岳山頂。向かいの尖峰は真田ヶ岳

駐車場へ着く。のどかな清流のせせらぎを聞きながら登山をはじめよう。畑地の横を進むとすぐに作業道と合流、未舗装の広い道を進み、左に堰堤を見送ると作業道終点だ。この先しばらく頭上を樹林が覆うので、背後にそびえる真田《しんた》ヶ岳《だけ》の勇姿を眺めておくとよい。

沢には一枚岩や滑滝など見どころが続き、自然の織りなす造形美を鑑賞しながら進もう。登山道の左右には石垣や耕作地跡が多く見られ、谷奥まで生活に使用されていた名残を今にとどめている。

水音が聞こえなくなれば緩やかな傾斜の先で**鞍部**の丁字路へ着き、山頂へは左の道を行く。すぐに最初のピークで、ここに立てば南に山頂が顔を出す。ピークから下り、わずかなアップダウンののち、最後の斜面を登れば真砂土が露出する**蕎麦ヶ岳**山頂へ着く。

3等三角点の置かれた山頂から西に山口市街や東西鳳翩山《ほうべんざん》、南面に楞厳寺山《りょうごんじやま》、右田《みぎた》ヶ岳《だけ》、矢筈《やはず》ヶ岳《だけ》、大平山《おおひらやま》、東に端正な真田ヶ岳、左に狗留孫山《くるそんさん》、白石山《しらいしやま》、背後に石《いし》ヶ岳《だけ》など名峰が勢揃いである。

下山は往路を引き返す。

(樋岡栄一)

■2万5000分ノ1地形図
仁保

16

県都山口市中心にそびえる大内氏の中世山城

鴻ノ峰

こうのみね
338m

日帰り

歩行時間＝1時間20分
歩行距離＝2・8km

技術度

体力度

コース定数＝7

標高差＝293m

累積標高差 ↗387m ↘387m

国道9号山口バイパス七尾トンネル東口近くから見た鴻ノ峰

鴻ノ峰中腹には民間信仰の岩場が、そして山頂は高峰《こうのみね》城本丸で、巨大な石垣や井戸跡がある。整備された登山道と子供が喜びそうな信仰の岩場など、ファミリー登山には最高の山である。

登山口の山口大神宮の石段を登って奥にある大神宮本殿の広場まで行く。コースは広場の左手からのびている。注連縄の巨岩前を行き、多賀《たが》神社や社務所などを左下に見ながら道なりに山の中に入る。低山だが山上まで急登が続く。城郭を構えるのに最高な環境であることがわかるだろう。

山頂は広い郭跡

道は壊れた鳥居がある支尾根の峠で分岐する。ここで右上に進み、稜線直下の巻道を登る。次いで小《こ》太郎《たろう》稲荷の前を行き、高度を上げる

本郭の大きな石垣

岩が優位になり、左に比較的水平な道が分岐するが、これは無視して道なりに右の岩道を進む。登山口から25分前後で右に石の鳥居がある。これをくぐると、しっかりした石垣で開かれた信仰の巨岩群がある広場に立つ。岩には小ぶりな岩窟があり、岩の左側に道が続いている。

水平な巻道で次の尾根筋に立ち、右に進んで尾根を登る。車道に出合う手前で郭が市街地展望の公園となって、説明板や「大内氏遺跡 高嶺城」の石碑がある。山頂

■鉄道・バス
往路・復路＝JR山口線山口駅前から駅前通りの県道194号を北西に上がり、国道9号を横切って登山口の山口大神宮まで25分。
■マイカー
中国自動車道山口ICから国道262号を走り、国道9号線との交差点を左折して西南に走る。県庁前交差点の南西隅にある亀山公園駐車場に複数台駐車可能。2分先が登山口の山

へは車道終点を横切って右の谷沿いの道を少し行き、すぐ左上に登って尾根筋に入る。急登だが次々と現れる大型の郭を縦断して高度を上げる。

道なりに急登に喘ぐが、すぐに上部で水平道となる。主尾根も大きな郭跡だ。そのまま進み、山頂直下で右に行けば井戸跡や大きな石垣を眼前にする。高峰城の規模の大きさを再確認するところだ。**鴻ノ峰**山頂は広い本丸跡で、展望もよい。

下山は往路を戻る。（中島篤巳）

CHECK POINT

1 登山口の山口大神宮。社殿前で左の道に入る

2 注連縄がある霊石を見ながら進む

3 小太郎稲荷の鳥居をくぐって進む

4 小さな石の鳥居をくぐり、石垣の間の石段を上がる

5 信仰の巨岩で、本ルートは左側に行く

6 車道手前の、展望の郭跡は最初の大きな展望地

口大神宮。

■登山適期
県庁前の並木道は秋の紅葉がすばらしい。雪の市街の展望もよい。

■アドバイス
▽小ぶりな岩窟がある信仰の巨岩前で左右に道がある。左が本ルートだが、ここで右に進めば、すぐにもうひとつの巨岩信仰がある。そのまま踏跡をたどって登れば、郭を2つ越えて車道終点に出る。
▽市街には常栄寺の雪舟庭、瑠璃光寺の五重塔、美術館、博物館など観光ポイントにはこと欠かない。
▽高峰城は大内義隆が陶軍の反乱に対して急遽造営したもので、完成を待たずに義隆は敗走した。陶晴方を厳島で破った毛利元就はこの高峰城を強固な城砦に仕上げ、豊後の大内輝弘が山口に攻めこんだ時には、この城は毛利方の要塞と化し、輝弘を押し戻した。
▽山口大神宮は大内義隆が伊勢神宮を勧請して創建した神社である。火災で焼失し、再興はされたが、規模が小さな社群となってしまった。

■問合せ先
山口市役所☎083・922・4111、大隅タクシー☎083・922・0860、湯田温泉旅館協同組合☎083・920・3000

■2万5000分ノ1地形図
山口

17

湯煙の里を見下ろす黄金仏出土の山

観音岳

かんのんだけ
400m

日帰り

歩行時間=1時間50分
歩行距離=3・8㎞

技術度

体力度

コース定数	=9
標高差	=300m
累積標高差	↗ 416m ↘ 416m

徳山《とくやま》の奥座敷ともいわれる湯野《ゆの》温泉郷の北側にそびえる山で、古くは「日尾山《ひご》」とよばれていた。嘉永6（1853）年、村の若者が偶然山頂で半分土に埋もれた黄金仏を見つけた。平安時代に鋳造された貴重な聖観音菩薩で、以来この山を観音岳とよぶようになったという。その仏像は現在、南麓の楞厳寺《りょうごんじ》の寺宝となっている。さらに、文久2（1862）年に、山頂直下の岩場に子安観音が、登山路に四国八十八ヶ所が設置され、古くから庶民の信仰の山として崇められてきた。近年この参拝道が地元有志の奉仕作業により、湯野観音岳ハイキングコースとして整備され、さらに、寺前の駐車場を登山者に開放、杖やトイレなども設置され、この山に対する地元の篤い思いが伝わってくる。

楞厳寺駐車場から、まずは楞厳寺に参拝し、本堂左手から登山道入口ゲートをくぐって擬木の階段道に取り付く。点々と配置された石仏が終始見守り励ましてくれる。

湯野の町並みを見下ろす展望休憩所をすぎると、35番石仏で八十八ヶ所巡拝路が右に分岐し、すぐ上の**お休み広場**に到

湯野の町から見る観音岳

展望休憩所から湯野の町並みを見下ろす

■鉄道・バス

往路・復路=JR山陽本線徳山駅から柚木河内行き防長バスに乗り、牧橋観音岳入口で下車。登山口の楞厳寺まで約500㍍、徒歩約10分弱。

■マイカー

国道2号戸田交差点から県道27号（山口徳山線）を北上、湯野温泉を抜け、牧集落で道標にしたがって左折すると楞厳寺駐車場に到着する。

■登山適期

盛夏を除けばいつでもよい。

登山口の楞厳寺

■アドバイス

▽観音岳の標高を408㍍とした資料を見受けるが、これは観音岳山頂南西側の標高点ピークの数値であり、観音岳ではない。観音岳山頂は400㍍等高線上にあり、地形図からは下一桁の数値は不明だ。

▽国土地理院地形図には、長い間山名の記載はなかったが、湯野観音岳ハイキングコース市指定を契機に、地元有志が国土地理院に「観音岳」の山名を地形図に記載するよう働きかけ、平成2年に実現している。

▽毎年11月3日、湯野観音岳ハイキ

CHECK POINT

1 観音岳登山道入口ゲート。そばに杖が置いてある

2 35番分岐。すぐ上がお休み広場。山頂へは直進する

3 延命水の水場。ひと口飲むと10年長生きするという

4 博打場跡と夫婦岩。ここの分岐を右折する

5 山頂直下の子安観音。子宝、安産にご利益があるという

6 観音岳山頂。展望絵図板で山座同定を楽しもう

着する。いったん鞍部に下り、延命水《えんめいすい》の水場からひと登りすると、左に博打場跡と夫婦岩、右に御身清場跡の水溜りのところで道が左右に分かれる。左は直接山頂へ向かうが、ここは右を選び、安産くぐり岩、子安観音に立ち寄ってみよう。子安観音の分岐は、どちらを行っても山頂は近い。

明るい真砂土の**観音岳**山頂には、石祠と黄金仏発見碑が立ち、あずまやや説明板、展望絵図板などが設置されている。東から南面の展望が開け、千石岳《せんごくだけ》、四熊《しくま》ヶ岳《だけ》、嶽山《だけやま》などの山々や、徳山湾に浮かぶ黒髪島《くろかみじま》、大津島《おおつしま》が見わたせる。

帰路は**お休み広場**まで戻り、左の道に入り、38番以降の八十八ヶ所をめぐる。下山路には摩崖仏もあり、特に74番は見ごたえがある。88番の打返しをすぎると林道に出合い、右折して墓苑を抜け**楞厳寺駐車場**に戻る。 （金光康資）

ングコースで「湯野観音岳歩け歩け大会」が開催されている。山頂には大会イベントのひとつ、大声コンテストの舞台が常時設置されている。

▽八十八ヶ所は阿波国、土佐国、伊予国、讃岐国とめぐるようになっており、それぞれの石仏の下に現地の土が埋められているそうである。

▽観音岳には北東麓の中村集落からもルートが拓かれている。

▽下山後、湯野温泉で汗を流すことができる。

■問合せ先
周南市観光交流課☎0834・22・8372、周南観光コンベンション協会☎0834・33・8424、湯野市民センター☎0834・83・2002

■2万5000分ノ1地形図
島地

18

周防南北朝騒乱の舞台となった、双耳峰の美しい山

矢筈ヶ岳

やはずがだけ
461m

日帰り

歩行時間=1時間30分
歩行距離=2・2km

技術度

体力度

コース定数 =7

標高差 =271m

累積標高差 ↗364m ↘364m

佐波川畔から見上げる夕暮れの矢筈ヶ岳

大平山《おおひらやま》の北西、佐波《さば》川をはさんで右田《みぎた》ヶ岳《だけ》と対峙し、周防《すおう》国府を北面から見守るようにそびえる山である。山名は「双耳峰」、すなわち「矢筈」に由来する。流れるように裾をひく美しい山容の山だが、南北朝騒乱期に攻防の舞台となった敷山《しきやま》城跡を中腹に抱えている。

足利尊氏の北朝に対し、験《けん》観寺《かんじ》に国府の役人や僧が結集し、南朝義軍として挙兵、北朝の長門、石見、安芸連合軍との激しい戦の末落城した。戦乱期に寺院はしばしば城砦として利用され、敷山城は本来の中世山城ではないが、寺跡は敷山城跡として国指定史跡となっている。近年、西麓に矢筈森《やはずしん》林公園《りんこうえん》が整備され、ここを登山口とする新しいルートも拓かれたが、やはりメインルートである南麓からの敷山コースを歩きたい。

車道終点登山口から、左斜面の登山道に取り付き、すぐに忠魂碑への道を左に分ける。竹林の巻道を抜け、明るいジグザグの斜面を行く。傾斜が緩むと、「史蹟敷山城址」石碑、敷山城跡説明板が立つ。もうひと登りすれば、突然展望が開け、梵字岩《ぼんじいわ》（説明板あり）そばから敷山神社祠が鎮座する広場に上がる。ここが**験観寺本堂跡**である。

ひと休みしたら、祠の左道に入り、すぐ右折して急勾配の尾根に取り付く。やがて巨岩の重なる**西峰の展望岩**にいたる。展望岩は広い岩上テラスで、眼下に防府市街地、向島《むこうしま》などの展望が広がる。

登山道に戻り、吊尾根伝いに鞍部へ下り、登り返す。途中鉾岩《ほこいわ》への枝道が右に分かれるが、帰路に

■**鉄道・バス**
往路・復路=JR山陽本線防府駅から阿弥陀寺行き防長バスに乗り、下敷山バス停で下車。山陽自動車道ガードをくぐり、国道2号防府第三トンネル寄りの交差点を横切る。道標にしたがって北上途中、現観寺跡をすぎ、バス停から約35分（2・2キロ）で車道終点の登山口に到着する。

■**マイカー**
国道2号防府第三トンネル東口に最も近い交差点を北に向かい、すぐ左折して徒歩と同様の道を車道終点の登山口まで走り、そこに駐車する。ただし新幹線敷山第二架道橋下の道は、1・6メートルの桁下制限がある。

■**登山適期**
盛夏を除けばいつでもよい。

■**アドバイス**
▽西峰展望岩の岩上テラスは広くてゆったりできるが、岩の登り下りは慎重に。また鉾岩からの展望はすばらしいが、足場が狭く、岩が濡れているとすべるなどの危険もあるので注意したい。
▽矢筈森林公園コースは、みなみの広場に車を置き、左にカーブして右の散策道に入り、すぐ右折すれば、あとは一本道である。
▽そのほか、山上山縦走コース、牟礼峠コースがあるが、ややワイルドで、初心者にはおすすめできない。

■**問合せ先**

立ち寄るとして、そのまま直進すれば、まもなく**矢筈ヶ岳**山頂に到着する。

３等三角点の山頂は、樹林に囲まれ、わずかに大平山方面が望める程度で、展望を楽しみたければ、先ほどの鉾岩か、西峰の展望岩がよい。

下山は往路を引き返す。（金光康資）

鉾岩からの展望

天神山山麓の佐波川畔から見る矢筈ヶ岳。こちらからは双耳峰には見えず、周防小富士とよぶ人もいる

CHECK POINT

1 車道終点の駐車地。左斜面の階段に取り付く。すぐ上で忠魂碑への道が分岐する

2 「史蹟 敷山城址」石碑。後方に説明板。左の道を直進する

3 展望地と梵字岩。梵字は「カーンマン」（観音）と刻まれている

4 敷山城址、験観寺本堂跡、敷山神社祠が鎮座する広場。石垣や礎石が残る

5 西峰展望岩の岩上テラス。晴れた日には遠く九州の山々も望める

6 矢筈ヶ岳山頂。樹林に囲まれ、展望は期待できない

防府市役所おもてなし観光課☎0835・25・4547、防府市観光協会観光案内所☎0835・23・4175、防長交通営業部（乗合）☎0834・22・7824

■2万5000分ノ1地形図
矢田・防府

19

右田ヶ岳① 天徳寺道・塚原道

県内で最も登山者が多い観音信仰の岩山

みぎたがだけ 426m

日帰り

歩行時間＝2時間35分
歩行距離＝3・9km

技術度
体力度

コース定数	＝11
標高差	＝410m
累積標高差	↗ 467m ↘ 467m

防府《ほうふ》市街地の北、佐波《さば》川下流右岸に位置し、花崗岩の露岩に覆われ、峨々として屹立する山である。そのみごとな山容は、見る人を魅了してやまず、「好山病」とよばれる常連さんや、新幹線の車窓からひと目見て登高意欲をそそられた県外からのハイカーも少なくなく、年間を通して登山者が絶えない。それだけに駐車場はよく整備され、四方から登山路が拓かれている。展望は抜群、しかも10時30分ごろまでに登頂すると、運がよければ同好の志により開かれる「山頂カフェ」でおいし

山頂からの展望　今たどってきた石船山が下方に見える

中ノ峰山頂から移された観音堂

石船山の摩崖仏、第31番灑水観音

■鉄道・バス
往路・復路＝JR山陽本線防府駅から総合医療センター行き防長バスか、山口方面へ行くJRバスに乗り、右田バス停で下車。天徳寺まで約1・2㌔、徒歩約20分。または堀行きの防長バスに乗り、塚原バス停で下車、天徳寺まで約0・8㌔、徒歩約15分。

■マイカー
国道262号か県道24号（防府徳地線）から右田小学校に向かう地方道に入り、小学校前駐車場に車を置く。満車の場合は県道沿いに西へ200㍍の地点または塚原にも駐車場がある。

■登山適期
盛夏を除けばいつでもよい。展望を楽しむなら空気の澄んだ秋がよく、紅葉も楽しめる。早朝ならしばしば雲海を、また条件が揃えばまれにブロッケン現象を見ることができる。

■アドバイス
▽天徳寺は源頼朝が創建したと伝えられる古刹で、山門をくぐった左手に樹齢800年のイチョウの巨樹があり、その根元に頼朝の墓と伝わる五輪塔が立っている。また右田毛利氏の菩提寺として栄えた寺で、寺の東側に右田毛利氏墓所がある。
▽石船山は天徳寺コースで最初に踏む小ピークにすぎないが、周辺には三十三観音摩崖仏めぐりの参拝道も

塚原付近から見る右田ヶ岳。左から石船山、南ノ峰、中ノ峰（本峰）

いコーヒーにありつけ、談笑に花が咲くかもしれないなど、楽しみが広がる。

山頂は、北、中、南ノ峰に分かれ、江戸期の史料には、中ノ峰（本峰）には観音堂、北ノ峰には厳島《いつくしま》松（天狗松）、南ノ峰には右田氏の古城跡があると記されている。また天徳寺《てんとくじ》道途中の石船山《せきせんざん》周辺には三十三観音摩崖仏も鎮座する。まず最初に最も一般的な天徳寺を登山口とし、塚原道を下って周回するコースを紹介しよう。

右田小学校前の駐車場から学校の西側を通り、天徳寺に向かう。寺の背後には岩の鎧をまとった石船山（前岳）が、右田ヶ岳を守るジャンダルムのようにそびえたっている。本堂西側の道を進むと、すぐにT字路となる。左は墓地を抜ける道、右は古くからの観音道で、上部で合流する。

石段を上がり、左奥に観音堂、その先の岩上テラスで燈籠を見る。左折して摩崖仏に見守られながら巨岩の間を縫って進む。般若心経巌をすぎると**石船山**山頂である。ここで本峰が顔を出す。

石船山からいったん下ると急登がはじまる。真砂土の登山路はよく踏まれているものの、浸食が進み、ガレている箇所も多く、ゆっくり慎重に歩きたい。脇道も複数あるが、主道を進めばよい。岩塔の先の分岐は右道を行き、山腹を巻くようになると中ノ峰と南ノ峰の鞍部は近い。鞍部で右折し、ひと登りすれば**右田ヶ岳（中ノ峰）**山頂である。

用意されており、ゆっくり石仏と対面しながら、心安らぐ時間をすごすのも一興である。

▽三角点小広場にはかつて観音堂があったことを物語る石垣が残り、今も堂の瓦片や穴のあいた石（これを持参して参拝すると願いごとがかなうとされていた）を見つけることができる。

■問合せ先
防府市役所おもてなし観光課☎0835・25・4547、防府市観光協会観光案内所☎0835・23・4175、防長交通営業部（乗合）☎0834・22・7824

■2万5000分ノ1地形図
防府・矢田

国旗がはためく岩上山頂からの展望は申し分なく、防府市街地を眼下に、矢筈《やはず》ヶ岳《だけ》、大平山《おおひらやま》、西目《にしめ》山《やま》など、町を囲む山々、周防灘《すおうなだ》を隔て九州・国東《くにさき》半島や、運がよければ、由布岳《ゆふだけ》や九重《くじゅう》連山なども見わたすことができる。4等三角点は北側の樹林の小広場にある。

帰路は、樹林の奥の道を下り、**塚原分かれ**の鞍部で右道に入る。

下山路の塚原道は比較的岩場の少ない明るく歩きやすいルートで、登りにも下りにも適している。**直登道分岐**で直接山頂を目指す直登道を右に、迫《さこ》にしむら口への道を左に分け、樹林を抜けると、海宝《かいほう》寺《じ》跡に下り立つ。着せ替え地蔵に無事下山を報告し、階段を下り、**塚原口**を右折して**右田小学校前駐車場**へ戻る。（金光康資）

CHECK POINT

右田小学校前の登山者用臨時駐車場。登山者が多く、午前中は満車になることが多い

天徳寺山門背後の石船山。山門をくぐって左折、次に右折する。その先で「此よりかん之んみち」の石坑道標を見る

燈籠の立つ岩上テラスから摩崖仏と石船山方面。この先三十三観音参拝道が複数分岐するが、主道を進む

中ノ峰と南ノ峰(西峰)鞍部の分岐。左折すると古城跡の南ノ峰。ここは右折して中ノ峰(本峰)を目指す

岩上の山頂。いつも国旗がはためく。毎日朝夕国旗の上げ下ろしのために登頂しているということだ

塚原分岐。下山は右道を行く。直進の左道は塔之岡道。三谷山、山城山への縦走路

整備の行き届いた塚原道を下る。塚原道は数ある右田ヶ岳登山路の中で最もポピュラーで歩きやすい

海宝寺跡の五輪塔と着せ替え地蔵(毎月着替えられる)。石段を下ったところが塚原口

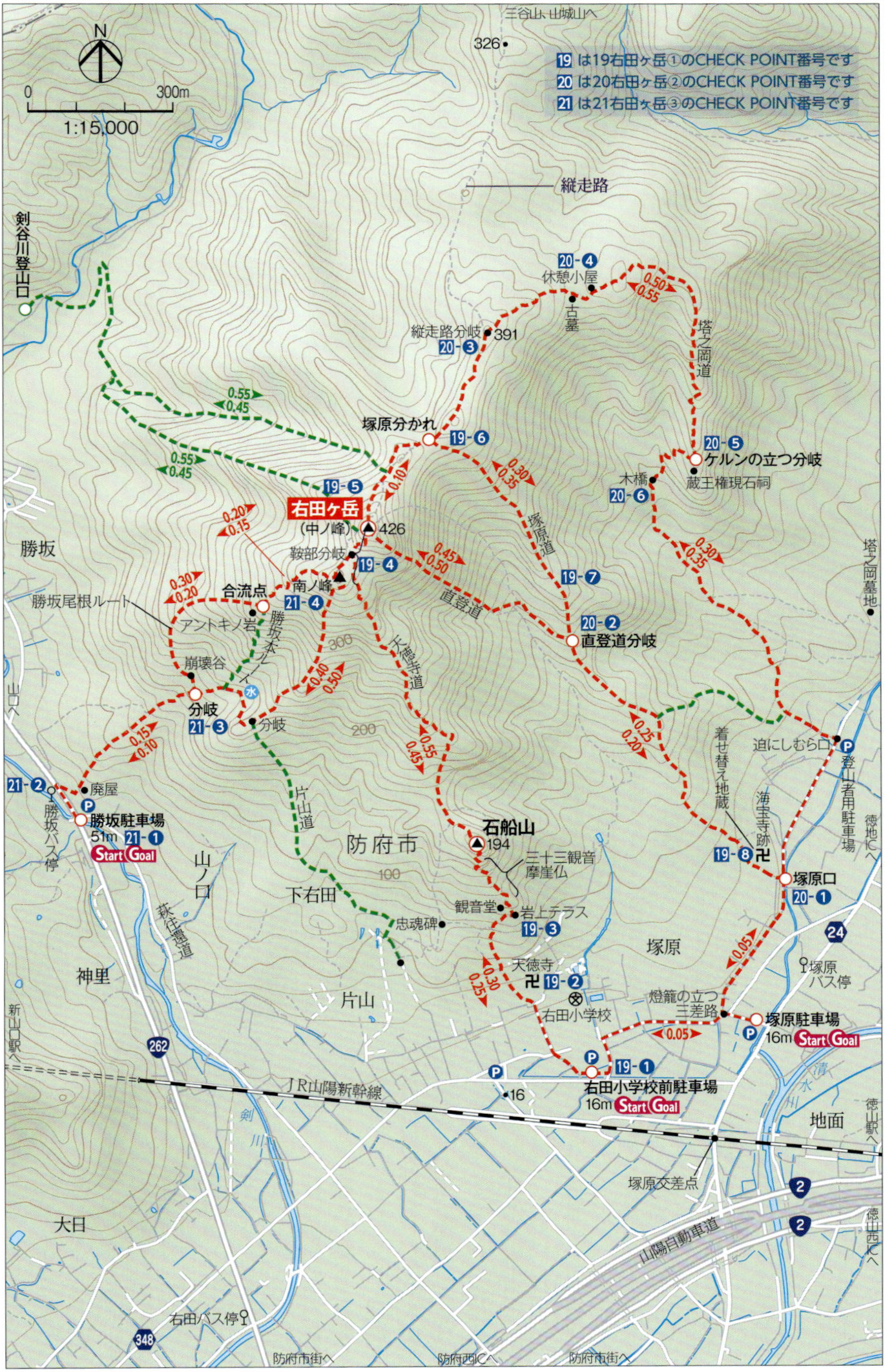
19 は19右田ヶ岳①のCHECK POINT番号です
20 は20右田ヶ岳②のCHECK POINT番号です
21 は21右田ヶ岳③のCHECK POINT番号です
1:15,000
三谷山、山城山へ
326
縦走路
剣谷川登山口
20-4
休憩小屋
古墓
縦走路分岐
391
20-3
塔之岡道
塚原分かれ
19-6
20-5
ケルンの立つ分岐
蔵王権現石祠
木橋
20-6
19-5
右田ヶ岳
(中ノ峰)
426
鞍部分岐
19-4
南ノ峰
21-4
合流点
勝坂
勝坂尾根ルート
アントキノ岩
勝坂本ルート
崩壊谷
分岐
21-3
分岐
天徳寺道
直登道
塚原道
19-7
20-2
直登道分岐
塔之岡墓地
迫にしむら口
登山者用駐車場
着せ替え地蔵
海宝寺跡
19-8
塚原口
20-1
21-2
廃屋
勝坂駐車場
51m
21-1
Start Goal
勝坂バス停
山ノ口
萩往還道
片山道
防府市
下右田
石船山
194
三十三観音摩崖仏
観音堂
岩上テラス
19-3
忠魂碑
天徳寺
19-2
右田小学校
塚原
塚原バス停
燈籠の立つ三差路
塚原駐車場
16m
Start Goal
右田小学校前駐車場
19-1
16m
Start Goal
16
神里
片山
新山口駅へ
JR山陽新幹線
徳地ICへ
清水川
地面
徳山駅へ
塚原交差点
山陽自動車道
徳山西ICへ
大日
右田バス停
防府市街へ
防府西ICへ
防府市街へ
山口へ
剣川

蔵王権現石祠からの展望

直登道の登り

20

防府の街を背に岩壁を登り、直接山頂を目指すスリリングなルート

右田ヶ岳② 直登道・塔之岡道

みぎたがだけ
426m

日帰り

歩行時間＝2時間55分
歩行距離＝4・8km

技術度 ▲▲
体力度 ♥

コース定数＝**12**

標高差＝410m

累積標高差 ↗510m ↘510m

右田ヶ岳は、全山花崗岩の露岩に覆われ、岩の鎧をまとったようで、近寄りがたい雰囲気をもつ。特に山頂直下の岩壁はほぼ垂直に切り立ち、とても歩けるとは思えないが、うまい具合に巨岩の間を縫いながら直接山頂を目指す直登道ができあがり、右田ヶ岳の人気コースとなっている。すでにこのコースだけで1500回を超えて登っている常連もいるくらいだ。この直登道を登り、塔之岡道《とうのおか》の蔵王権現から迫《さこ》にしむら口へ下って周回してみよう。岩場歩きが多く、基本的な三点確保が必要になるが、右田ヶ岳の核心に触れる山歩きが楽しめる。

塚原駐車場《つかはら》から西に向かい、燈籠の立つ三差路で右折し、北に約300メートル進むと、左に石段が現れる。ここが**塚原口**で石段を上がれば海宝寺《かいほうじ》跡である。左手から塚原道に入り、樹林を抜けて明るい尾根道をたどる。塚原口から約25分で**直登道分岐**となる。この分岐を左折して直登道に入る。巻道から支谷を横切った先で右の尾根に取り付く。いきなりシダつき斜面の急登だが、補助ロープなどが設置されている。

しだいに岩斜面となり、途中、軍配のような岩を見て、どんどん高度を上げる。行く手をはばむ絶壁を右へ巻いて、横からよじ登る鎖場が2箇所あるので、慎重に行動しよう。傾斜が緩み、岩上の国旗が見え隠れするようになるとほどなく**右田ヶ岳**山頂だ。

帰路は、三角点広場の奥の道を下り、**塚原分かれ**の鞍部を直進して尾根伝いに進む。391メートル標高点の縦走路分岐で、左は三谷山《みたにやま》、山城山《さんじょうさん》への縦走路だが、ここは右の塔之岡道を下る。鞍部には戦亡くなった兵士を埋葬したと伝わる石組古墓が一基あり、わずかに登り返すと、休憩小屋の建つ展望台である。

この先、右にカーブし、南に方

■**鉄道・バス**
往路・復路＝JR山陽本線防府駅から堀行き防長バスに乗り、塚原バス停で下車、海宝寺跡石段入口まで約0.3キロ、徒歩約5分。

■**マイカー**
国道2号塚原交差点で県道24号（防府徳地線）に入り、堀に向かって約向を変えた岩稜尾根を慎重に下る。傾斜が緩むと**ケルンの立つ分岐**となる。直進して蔵王権現石祠のある尾根南端展望地に立ち寄ってみよう。双耳峰の矢筈《やはず》ヶ岳《だけ》を正面にして、のどかな田園風景が広がる。

分岐に戻ったら谷へ向かって下っていく。手づくりの木橋を渡り、塔之岡墓地への道を左に分け、右に堰堤を見ると、迫にしむら口の車道に下り立つ。右折して**塚原駐車場**へ戻る。　（金光康資）

休憩小屋前の展望。この岩峰を上がるバリエーションルートもある

CHECK POINT

塚原登山口。石段を上がると海宝寺跡。着せ替え地蔵左から樹林帯へ入る

直接山頂を目指す直登道の分岐。ここを左折する。直進道は塚原分かれに上がる

三谷山、山城山への縦走路と塔之岡道の分岐。ここは右道を採る

塔之岡道途中の「葉椰詩の山小屋」休憩所。前は展望地なのでひと休みしたい

塔之岡尾根上のケルン。直進すると蔵王権現石祠展望地、下山は右折して谷へ入る

塔之岡道の木橋。手づくりの二連橋で、周辺は植栽されている

400㍍走ると左に塚原駐車場がある。

■登山適期　盛夏を除けばいつでもよい。6月初旬なら山頂直下の岩壁でセッコクが楽しめる。

山頂直下のセッコク

■アドバイス　▽直登尾根コースは三点確保をきちんとすれば、足がかりや手がかりは充分あるので、さほど危険な箇所は見当たらないが、高所恐怖症の人はやめておいた方がよいかもしれない。尾根取付手前の谷を遡るルートもある。

▽全山真砂土山で、小石に乗るとすべりやすい。特に塔之岡への尾根道は岩稜で急勾配なので、下りは注意したい。

■問合せ先　防府市役所おもてなし観光課☎0835・25・4547、防府市観光協会観光案内所☎0835・23・4175、防長交通営業部（乗合）☎0834・22・7824

■2万5000分ノ1地形図　防府・矢田

＊コース図は57ページを参照。

21

勝坂を起点に映画「アントキノイノチ」ロケ地を訪ねる周回コース

右田ヶ岳③ 勝坂尾根ルート・片山道〜水場周回

みぎたがだけ 426m

日帰り

歩行時間＝1時間55分
歩行距離＝2・5㎞

技術度
体力度

コース定数＝10
標高差＝375m
累積標高差 429m 429m

南ノ峰から南西の展望。西目山の後方が楞厳寺山

岩稜の勝坂尾根ルート

勝坂《かつさか》は萩往還《はぎおうかん》（山口街道）沿いの集落であり、山口を防衛するため、江戸末期の文久3（1863）年に関門を設け、2つの砲台を構築した地である。その勝坂を登山口として右田ヶ岳を目指す従来からの勝坂本ルートは、浮石が多いガレ場の急斜面で、落石の危険があることから、初心者、高齢者、ファミリーハイクには敬遠されていた。しかし近年、本ルートの左尾根を登る道が拓かれ、終始展望を楽しみながら、どんどん高度を上げる爽快感から、さらには、途中に、映画「アントキノイノチ」のロケ地となった大岩壁（仮称「アントキノ岩」）があり、アルプス的景観で、人気をよんでいる。ここでは勝坂本ルートを避け、勝坂尾根ルートを登り、片山《かたやま》道途中から水場に下り周回する。

勝坂駐車場から国道を山口方向に約50メートルほど行ったところが登山口である。右手の白手すり付きの法面道を折り返すように上がり、廃屋の左から山道に取り付

■**鉄道・バス**
往路・復路＝JR山陽本線防府駅から山口駅行き、山口大学行きか中尾口行きのJRバスに乗り、勝坂バス停で下車、バス停対面が登山口。

■**マイカー**
国道2号沖高井交差点から国道262号を山口に向かい、新幹線高架を潜った先の最初の信号機を右折すると、右に登山者用駐車場がある。

■**登山適期**
日陰の少ないコースであり、盛夏を除けばいつでもよい。

■**アドバイス**
▽途中の岩壁アントキノ岩上は、眼下に新幹線、国道262号を行き交う車や勝坂集落を俯瞰し、西目山、楞厳寺山、佐波山などを望む大展望台で、ひと休みしてゆっくりしたい。
▽勝坂本ルートは、急斜面の落石さえ注意すれば、それほど難易度が高いわけではない。
▽南ノ峰にあったとされる右田ヶ岳城は、鎌倉時代に築城され、大内氏の傍系である右田氏歴代の居城であった。山陽道、山口街道を抑える要衝の地だが、厳島の合戦で陶晴賢が敗れたのち、抵抗することもなく毛利氏の手に渡った。
▽このほか、剣川谷を登山口とするルートの周回も人気がある。

■**問合せ先**
防府市役所おもてなし観光課☎08

く。樹林を抜けると明るい道に変わり、**分岐**で左折して尾根ルートに入り、崩壊谷を横切って正面の尾根に上がる。ここから岩場の連続だが、要所にはロープが設置されている。足もとには山麓の景観が広がり、頭上には威容を誇るアントキノ岩壁が覆いかぶさるように迫る。

アントキノ岩基部から左の樹林に回りこみ、上部に上がると、反対側から勝坂本ルートが**合流**する。この先、尾根伝いに右田ヶ岳城跡の南ノ峰を踏み、いったん下って、鞍部で右から天徳寺《てんとくじ》道を合わせると**右田ヶ岳**山頂に到着する。

帰路は南ノ峰まで戻り、南東尾根から右折して片山道に入る。急斜面の岩場が続くが、右にアントキノ岩、左に石船山《せきせんざん》の岩峰、正面下に市街地などの展望楽しみながら慎重に足を運ぶ。傾斜が緩んだところで片山道を左に分けて直進、すぐ右折して斜面を下り水場から尾根ルートの**分岐**に戻る。あとは往路と同じ道をたどり、**勝坂駐車場**へ戻る。

（金光康資）

35・25・4547、防府市観光協会観光案内所☎0835・23・4175

■**2万5000分ノ1地形図** 防府、矢田

映画のロケ地になったアントキノ岩（片山道途中から）

CHECK POINT

1 勝坂駐車場。3～4台程度で狭い。周辺にはほかに駐車適地がない

2 勝坂登山口。折り返すように、白手すり法面道を上がる

3 勝坂本ルートと尾根ルートの分岐。ここは左折する

4 南ノ峰山頂。わずかに石垣、山頂に平坦地は残るものの、城遺構は少ない

＊コース図は57ページを参照。

22

のろしの岩稜に修験の幻影を求めて

火ノ山・陶ヶ岳

ひのやま　304m
すえがだけ　230m

日帰り

歩行時間＝3時間30分
歩行距離＝5.7km

技術度
体力度

コース定数＝**15**

標高差＝280m

累積標高差　653m　653m

雪の火ノ山全景

縦走路に岩のテラスがある

山陽《さんよう》自動車道で山口市の名田島《なたじま》付近を走っていると、海側に小ぶりだがみごとな岩峰が南北に連なるのを目にする。火ノ山連山だ。大きいピークなら6個、小さいものも数えると14個もの峰があり、山名の混乱が続いている興味深い山塊である。展望と灌木の岩稜は多くのハイカーを招きながらも、膝下のシダの中に踏跡をたどる箇所もあり、山の醍醐味を満喫できるすばらしいコースである。

登山口の**セミナーパーク第五駐車場**を出発し、セミナーパーク本館裏手から**亀山《かめやま》登山道に入る**。樹林を抜けると広い草原に出る。草原を横切り、再び樹林帯に入る。小さな谷の出合で左斜面を登って尾根筋に出て、すぐに右山腹を巻くようになり、石組の地点で小さなハシゴを登り、道なりに急登する。後方に展望が開けるとセミナーパークを眼下にし、登山口から30分で巨岩の前にさしかかる。

分岐を左に、巨岩沿いに20分、スリリングな道を亀山山頂に向かう。熟練者同伴が望まれるところだ。自信がない人は巨岩前の分岐を右に行く方が安全だ。

踏跡をたどり、次いで右上の急斜面の細道を登る。ここはじっくり腰を据えて、すべり落ちないように注意して登ろう。主稜の小さな鞍部に出たら、左が展望のよい石鎚大権現《いしづちだいごんげん》の峰である。

ここから右に登り、岩のテラスは右側を行く。**亀山《かめやま》**、遠下山《とうげやま》、梅《うめ》ノ木山《きやま》と、雑木林のシダ道や岩道と岩峰のアップダウンを繰り返していけば、やがて3等三角点の**火**

■**鉄道・バス**
往路・復路＝セミナーパークへのバス便はないので、JR山陽本線四辻駅からタクシーを利用する。徒歩の場合は約3㌔、所要30分前後。
■**マイカー**
山陽自動車道山口南ICから国道2号を少し走り、県道194号に入って南下する。セミナーパークの第五駐車場が便利。駐車場から山側の広い遊歩道を行き、15分でセミナーパーク本館裏手に亀山登山口がある。
■**登山適期**
積雪期はすべりやすいので避けた方がよい。5月のヤマツツジもよい。
■**アドバイス**
▽山塊の峰名に混乱がある。地元の木村義雄氏によれば、江戸期の絵図史料で峰を重ね合わせて、現・火ノ

CHECK POINT

巨岩で道が分岐する。ここは右側のルートが安全だ

この亀山山頂から左に尾根を下れば展望所がある

火ノ山（姫山）山頂には古い石祠も残っており、西側に展望の岩がある

岩の陶ヶ岳山頂。やはり360度の大展望だ。磨崖仏めぐりも楽しい

ノ山（姫山）山頂に立つ。石鎚神社の石祠が2基あり、展望もよい。

火ノ山から陶ヶ岳への道は252㍍峰（天神山《てんじんやま》）が間に入るので、思いのほか遠く感じるが、わずか45分である。**陶ヶ岳**山頂は360度の展望台だが、かたわらで倒壊した石祠や石碑が痛々しい。

下山は山頂からすぐの右下への道を行く。急斜面をロープに頼って下ると岩屋寺跡の広場で、磨崖仏や石段跡が盛衰を物語る。

右に進み、樹林帯の一本道をいっきに下り、ルートや駐車場を提供してくれている松永邸北側の駐車場をすぎて県道に出る。右に行けばすぐに出発点の**第五駐車場**は近い。（中島篤巳）

山は「姫山または高岳」で、「梅ノ木山」「遠下山」と続き、現在「亀山」とよばれている300㍍峰が「火ノ山」で、亀山ではないという。

▽『防長地下上申』とその絵図、『鋳銭司陶名田島村絵図』、『秋穂村絵図』、『防長風土注進案』などから250㍍峰が「天神山」、現・陶ヶ岳は「観音山」で、観音堂がある。また、北の218㍍峰が「岩屋山」で、岩屋山と陶ヶ岳の間の峰には信仰の遺構が散在している。

▽陶ヶ岳北尾根から左下に少し下り、鳥居の東側から水平道を北北東に進めば四国札所各寺の本尊が並ぶ。巨岩をくぐり、左上に登れば尾根、次いで左に行けば鳥居に戻り、東の水平道で観音堂跡下山路だ。

▽陶ヶ岳東直下に釈迦涅槃磨崖仏がある。「亀山」は史料にその名が見られず、「亀山」の位置に確証がない。

▽火ノ山はコースが多い。西麓の名田島新開作からのコースもよく登られる。

■問合せ先
山口市役所☎083・922・4111、防長交通新山口駅北口案内所☎083・973・5900、小郡交通タクシー☎083・972・5380

■2万5000分ノ1地形図
台道

23

海を眺めながら、数あるルートを繰り返し楽しめる山

亀尾山①勘十郎岳①

東コース西コース周回

かめのおやま　325m
かんじゅうろうだけ　246m

日帰り

歩行時間＝2時間10分
歩行距離＝3・9km

技術度
体力度

コース定数＝**10**	
標高差＝290m	
累積標高差	465m / 465m

秋穂《あいお》半島の付け根を押さえる山で、標高は高くないものの、周辺に大きな山がないため、堂々とした山容を見せている。地形図では長い間「大海山《おおみやま》」と記されていたが、地元では古くから亀尾山とよんでいたことから、正しい山名の記載を地理院に働きかけた結果、現在の地形図は「亀尾山（大海山）」と2つの山名が併記されている。山全体が露岩に覆われ、各所に展望地がある。毎日登山道の整備をしているボランティアグループがあり、登山ルートは県内最高密度を誇り、どこからでも何度でも楽しめる人気の高い山域となっている。ここでは千坊川砂防公園《せんぼうがわさぼうこうえん》を登山口に東コースを登り、亀尾山から勘十郎岳に縦走して西コースを下る周回コースを紹介しよう。

千坊川砂防公園からキャンプ場へ向かい、水路を渡って炊飯棟とトイレの間を通り抜け、再び水路をまたいで林道を左折、右にカーブした先の分岐は左の道に入る。樹林の谷をひと登りすれば**尾根上展望所**に上がり、左折して緩やかに尾根道をたどる。途中、見晴台や大正池《たいしょういけ》コースを左右に分け、主尾根を行けば肩の分岐となり、右折してわずかで**亀尾山**山頂に到着する。2等三角点の立つ山頂には、手づくりのベンチが設置され、東から南の展望が開ける。佐波川《さばがわ》河口に広がるのどかな田園風景を俯瞰し、空気が澄んでいれば紺碧の周防灘《すおうなだ》に浮かぶ姫島《ひめしま》、国東《くにさき》半島、鶴見岳《つるみだけ》、由布岳《ゆふだけ》、年に数度は九重《くじゅう》山群を望むこともできる。

展望を楽しんだら肩の分岐まで戻り、右折して勘十郎岳への縦走路に入る。バリエーションルートを左右に分けながらひたすら主尾根を伝い、途中で中岳を踏むと、やがて勘十郎岳東峰、次に主峰の**西峰**に立つ。巨岩が重なり、展望もすばらしい。

ひと休みしたら、展望を楽しみながら西尾根から南に下り、樹林を抜けて**千坊川砂防公園**に戻る。

（金光康資）

■**鉄道・バス**
往路・復路＝JR山陽新幹線新山口駅から秋穂荘行きの防長バスに乗り、宮の前バス停で下車、徒歩約2・5㌔、またはJR山陽本線四辻駅で下車、徒歩かタクシーを利用する。約7・3㌔。

■**マイカー**
国道2号、山陽自動車道山口南IC付

CHECK POINT

千坊川砂防公園駐車場。ここから多くのルートが山頂にのびる

キャンプ場の炊飯棟とトイレの間を抜ける

右にカーブした先の分岐は左に進む。直進道は仏岩コース

尾根上展望所。仏岩コース、大海峠コースがここで合流する

見晴らし台分岐。右道を行く

肩の分岐。右折すればわずかで山頂。左折は勘十郎岳への縦走路

中岳山頂。白岩展望所へ直接下る道が分岐する

勘十郎岳山頂。雨宿りができる岩屋状の巨岩がある

左から勘十郎岳、中岳、亀尾山（朝日山山頂から）

亀尾山山頂と展望

近の大村交差点で、県道194号に入り、山口県セミナーパークをすぎた先の交差点を左折、県道338号手前で左折、道標にしたがって田園の中をクランク状に1・4キロ走り、千坊川砂防公園の広い駐車場を利用する。

■登山適期

盛夏を除けばいつでもよい。展望を楽しむなら空気の澄んだ秋がよく、紅葉も楽しめる。

■アドバイス

▽2つの山名があるため、道標も2通りの表示があり、とまどうかもしれない。

▽真砂土ですべりやすいので、特に下りは注意しよう。

▽紹介コース以外に、北A・Bコース、自然散策コース、仏岩コース、大海峠コース、道の駅コース、大正池コース、不動の滝コース、立岩コース、市境尾根コース、大河内沢コースなどがあり、いろんなコースを組み合わせて楽しみたい。

▽千坊川砂防公園はキャンプ場設備が整った親水公園で、使用料は無料（事前に秋穂総合支所へ申し込みが必要）。

■問合せ先

山口市秋穂総合支所☎083・984・8027

■2万5000分ノ1地形図

台道

＊コース図は68ジペーを参照。

24

新しく拓かれた道から、快適な縦走路をたどり三山を周回する

福西山・亀尾山②勘十郎岳②

ふくにしやま 253m
かめのおやま 325m
かんじゅうろうだけ 246m

日帰り

歩行時間＝4時間20分
歩行距離＝8・8km

技術度
体力度

コース定数	＝19
標高差	＝301m
累積標高差	850m（登り） 850m（下り）

千坊川《せんぼうがわ》砂防《さぼう》公園《こうえん》が完成してから、亀尾山山塊は次々に登山ルートが整備され、気軽にハイキングが楽しめる人気の山域となった。

それに伴い、近年、亀尾山から福西山への縦走路や新ルートが拓かれ、マイナーなイメージの福西山も一躍脚光を浴びるようになった。ここではセミナーパーク第五駐車場を起点に、梅光苑《ばいこうえん》から福西山へ登り、亀尾山、勘十郎岳を縦走、大河内《おおごうち》林道へ下る周回ルートを歩いてみよう。低山ながら充実した山歩きが楽しめる。

セミナーパーク第五駐車場から県道に下り、梅光苑入口で右折して橋を渡る。すぐ奥の調整池施設の三差路を左折、配水池施設で左折し、金網沿いに裏側へ回りこむ。植林谷をつめて鞍部に上がり、右折する。明るい自然林のやせ尾根

縦走路から見る福西山

福西山山頂付近から、これから目指す亀尾山、勘十郎岳とその稜線

■鉄道・バス
往路・復路＝JR山陽本線四辻駅下車、梅光苑入口まで徒歩1・7㌔。

■マイカー
国道2号、山陽自動車道山口南IC付近の大村交差点で県道194号（山口秋穂線）に入り、山口県セミナーパーク第五駐車場を利用する。

■登山適期
盛夏を除けばいつでもよい。展望を楽しむなら空気の澄んだ秋がよく、紅葉も楽しめる。

■アドバイス
▽エスケープルートとして、①福西

に変わり、展望のよい快適な尾根歩きを楽しもう。

T字路で右折すれば**福西山**山頂に到着する。3等三角点の立つ山頂は、薄暗い樹林の中だが、西に少し下った大岩展望所からは火《ひ》ノ山連峰《やまれんぽう》の全容を望むことができる。

ひと休みしたら先ほどのT字路まで戻り、直進して亀尾山への縦走路に入る。急勾配の斜面を下って、登り返すと比較的緩やかで淡々とした尾根道が続く。**亀尾滝、大河内林道への道を右に分け**、やせ尾根をすぎると、亀尾山への最後の登りとなる。やがて傾斜が緩み、立岩《たていわ》コースを合わせて右折すれば**亀尾山**山頂である。

亀尾山から勘十郎岳は前項を参照のこと。

勘十郎岳西峰からいったん東峰に戻り、山頂で左折する。ロープは設置されているものの、急斜面なので慎重に下ろう。緩やかな尾根道に変わり、竹林が現れたら堰堤は近い。**堰堤**を横切り、大河内林道を左折して**セミナーハウス第五駐車場**に戻る。

（金光康資）

CHECK POINT

1 セミナーパーク第五駐車場。ここは火ノ山連峰への登山口でもある

2 梅光苑入口。橋を渡って車道を直進する

3 明るいやせ尾根歩き。左右の展望が楽しめる

4 樹林に囲まれた福西山山頂。展望はすぐ下の大岩展望所で楽しもう

5 亀尾山縦走路中大河内林道へ下る(手前)唯一のエスケープルート分岐

6 又木跨ぎ。下り一辺倒の途中、二又の木を跨ぐ目印スポット

7 堰堤を渡って大河内林道へ。ここから駐車場まで車道歩きが続く

8 大河内林道起点の変則四差路。林道竣工記念石碑が立つ

亀尾山への途中から長沢池方面の展望

山山頂から、②亀尾山への縦走路途中から、③勘十郎岳への縦走路途中から、それぞれ大河内林道へ下ることができる。
▽真砂土ですべりやすい。紹介する周回コースは激しい急下降が2箇所あるので、慎重に下りたい。
▽亀尾滝は小さな滝が数段に分かれて落ちる。
▽近くの国民宿舎あいお荘は、車海老おどり食いや車海老フルコース料理を提供、周防灘を眺める天然温泉露天風呂もあり、登山前後の宿泊利用が可能である。下山後に汗を流して帰宅することもできる。

■問合せ先
山口市秋穂総合支所☎083・984・8027、国民宿舎あいお荘☎083・984・2201

■2万5000分ノ1地形図
台道

四辻駅、国道2号へ
四辻駅へ
長沢池
JR山陽本線
24-2
梅光苑入口
Start Goal
24-1 24m
セミナーパーク第五駐車場
梅光苑
調整池
配水池
0.55
0.50
140
鞍部
梅光苑コース
76
山口県セミナーパーク
194
24-3
やせ尾根
24-4
福西山
大岩展望所
253
33
1.00
1.05
防府市
福西山大河内林道コース
247
地蔵
100
200
亀尾山・福西山縦走路
宮の前バス停、県道338号へ
0.40
24-7
大河内林道
堰堤
変則四差路
林道竣工記念碑
24-8
道祖神
勘十郎岳大河内林道コース
大河内沢コース
大河内溜池
0.35
0.40
24-6
又木跨ぎ
218
24-5
亀尾滝、大河内林道へ下る分岐
75
勘十郎岳
亀尾滝
0.30
0.25
83
山口市
23-8
西峰
246
東峰
中岳
23-7
亀尾山・勘十郎岳縦走路
0.40
0.45
市境尾根コース
西コース
北Aコース
北Bコース
325
肩分岐
亀尾山
23-6
（大海山）
自然散策コース
第一立岩
第一立岩（展望岩）
不動の滝コース
立岩コース
200
0.30
0.35
94
0.30
0.25
大道駅、国道2号へ
見晴台
23-1
千坊川砂防公園
P
23-2
WC
35m
23-3
Start Goal
WC
0.30
0.25
23-5
203
82
東コース
23-4
外屋池
N
52
北回りコース
尾根上展望所
行者山
不動院
大正池コース
第三十番札所
山桜巨樹
道の駅コース
100
54
0
500m
1:25,000
大海峠コース
25
23 は23亀尾山①・勘十郎岳①のCHECK POINT番号です
24 は24福西山・亀尾山②・勘十郎岳②のCHECK POINT番号です
76
18
宮の前バス停、県道338号へ
大道駅へ
富海峠へ

25 羅漢山・法華山

天空の高原から散策する兄弟の峰

日帰り

歩行時間＝1時間55分
歩行距離＝6・4km

らかんざん 1109m
ほっけさん 962m

技術度 体力度

コース定数＝**11**

標高差＝287m

累積標高差 530m 530m

←小五郎山より望む羅漢山

←振り向けば羅漢山

登山口の羅漢高原は標高800メートルのレジャーランドだ。羅漢山、法華山とも、トロイデ形の女性的な穏やかな山で、遊歩道も整備され、ファミリー登山には最高の散策と展望のコースだろう。

ロマンチックな羅漢高原が登山基地。羅漢山登山口は3箇所あるが、ここでは青少年旅行村入口近くの**イベント広場**脇から登る。明るい雑木林の単調な登りで、主稜鞍部に立つ。左に登ればすぐに**小《こ》羅漢山**の山頂である。ササ原から望む寂地山《じゃくじさん》や小五郎山《こごろうやま》など、西中国山地の展望がすばらしい。

小羅漢山からは鞍部まで引き返し、羅漢山頂までの広い尾根道を行く。たいした急登もなく、山火事でも燃えずに残ったという不知火杉《しらぬいすぎ》を右に見送り、登山口から40分で2等三角点の**羅漢山**山頂に立つ。眼の前に遠くからも確認できる巨大な雨量計があるが、寂地山、冠山《かんむりやま》はもとより、広島県の三倉岳《みくらがだけ》、大峰山《おおみねさん》そして瀬戸の海までが望まれる。条件さえよければ四国山地まで遠望可能である。

下山は往路を引き返してもよいが、不知火杉から、らかん高原憩いの広場へのコースを下ってみよう。**らかん高原スカイパークのインフォメーション**やバンガローの前から車道歩きとなる。牧場を左に見ながら羅漢山の裾沿いの舗装道を10分で**イベント広場**に戻る。

今度は法華山を目指す。県道121号に戻り、宇佐郷《うさごう》方面に2分も歩けば法華山登山口が左手にあ

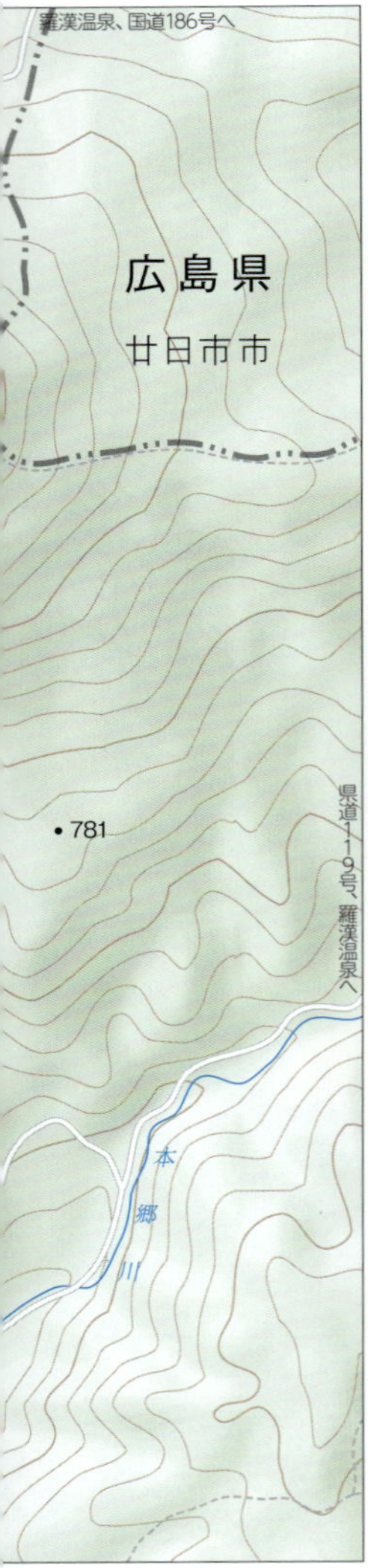

CHECK POINT

1

イベント広場を左に見送って広い遊歩道を行く。緩やかな傾斜が続く

2

遊歩道の要所には案内標識がある

3

羅漢山山頂に雨量計があり、西中国山地の大展望台。瀬戸内海も見える

4

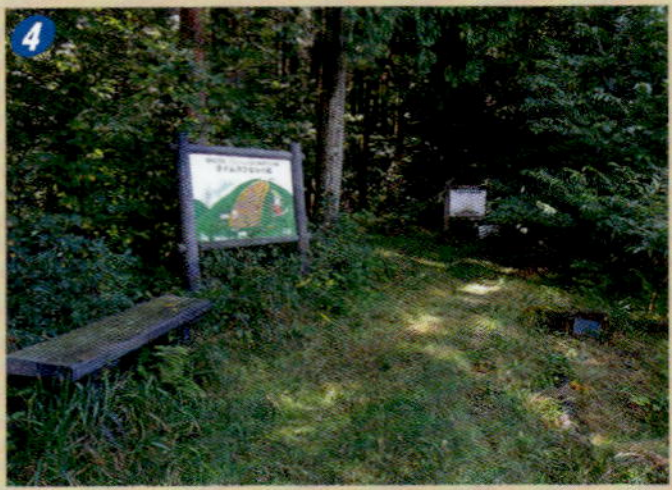

突き当りで右に進んで樹林帯に入る。また広い遊歩道が続く

5

樹林帯を抜けるとススキとササの原に出る。夏は草が繁るが、踏跡はある

6

法華山山頂はしだいに荒れてきていて、展望台も壊れはじめている

る。

　疎林の山道に入ると、すぐに左手のゲレンデ跡越しに羅漢山方面の展望が開ける。そのまま道なりに登ると、ルートが尾根の法面に突き当たったところで右に曲がり、樹林帯に入る。

　広い道が続き、樹林帯を抜けると**法華山**山頂は眼前だ。登山口から30分の歩程だが、展望台の崩壊やゲレンデの消滅で象徴されるように、一時の華やかさはない。3等三角点は展望台跡手前右手の白赤ポール下にある。

　下山は往路を戻る。（中島篤巳）

■**鉄道・バス**

往路・復路＝利用できる公共交通機関はないので、マイカー利用が一般的。

■**マイカー**

中国自動車道六日市ICから国道187号を北西に走り、県道16号に入って東走、深谷大橋を渡って山口県に入り、向峠で南下して国道434号に出ると、右折して宇佐郷の温泉前から羅漢高原へのドライブウェーを走り、らかん高原を目指す。JR岩国駅方面からは、国道2号、国道1

87号と北上し、道の駅「ピュアラインにしき」をすぎて国道434号を北東に走り、宇佐郷で羅漢高原ドライブウェーに入る。駐車場あり。

■登山適期

展望と高原の雰囲気が楽しめる秋がよい。初夏は花がよい。

■アドバイス

▽羅漢山の山頂部には変成岩を貫いて地表に突出した蛇紋岩がある。中には磁性を示すものもあり、コンパスを置いてみれば針が振れる。

▽古くは羅漢山とは美和町側のよび名であり、錦町では生山（なまやま）、車前子ヶ垰山（おおばこがたおやま）などとよんでいた。

▽らかん高原憩いの広場キャンプ場、らかん高原オートキャンプ場などが利用できる。

▽10月ごろの法華山では、コース上に山栗がたくさん落ちており、楽しみが増える。

▽西麓の宇佐郷には深谷峡温泉（清流の郷）がある。

■問合せ先

羅漢山青少年旅行村☎0827・74・0520、らかん高原オートキャンプ場☎0827・74・0010、広瀬タクシー☎0827・72・2529

■2万5000分ノ1地形図

宇佐郷

26 展望の稜線をたどり、西中国山地を望む指定席へ

小五郎山① 向峠コース

こごろうやま 1162m

日帰り

歩行時間＝4時間5分
歩行距離＝8・1km

技術度 ■□□□□
体力度 ■■□□□

コース定数	=20
標高差	=775m
累積標高差（登り）	934m
累積標高差（下り）	934m

小五郎山は西中国山地の西端に位置し、もともとは「宇佐ヶ岳《うさだけ》」とよばれていたが、名馬と小五郎の哀史により「小五郎山」とよばれるようになった。山頂に立てば山口、広島、島根三県の名峰がずらり並び、広島湾さえも視界に入る。紹介するコースは、向峠《むかたお》の正面から登るメインコースだが、かつては長時間にわたるササのやぶ漕ぎを強いられる尾根で、粘り強い山男にのみ許された山だった。そのササもいっせいに枯れ、今では雄大なハイキングルートに大変身している。

↑羅漢山直下の錦町宇佐郷柱ヶ瀬地区から望む小五郎山

←振り返れば登ってきた稜線や大谷辻から十王山へ続く尾根、左右に羅漢山や大将陣が控える

岩国《いわくに》市生活交通バスの**向峠バス停**から道標にしたがって林道を北進する。竹林帯の中で獣防護柵の中に入り、支尾根を2つ回りこんだところが**登山道入口**。ここから右上へ折り返すように登山道が続いている。

巻道を5分で頭上が開け、最近では珍しくなったアカマツ林を通過する。この先しばらく周囲を樹林が覆い、長い巻道に変わる。奥山へ入りこむ感じで、自然林と植林帯の織りなす風景を眺めながら

■**鉄道・バス**
往路・復路＝錦川清流線終点の錦町駅から岩国市生活交通バスで高根乗り換え、向峠バス停下車だが、バス便は少なく、タクシー利用がよい。

■**マイカー**
向峠バス停から100メートルほど南に下った道路脇へ駐車する。

■**登山適期**
秋の紅葉、次いで新緑、初冬の枯木もよい。

紅葉の名所の深谷大橋

■**アドバイス**
▽「小五郎伝説」を紹介しよう。高根の里に佐伯太夫重氏という武士が住んでいた。彼の大切にしていた「竜」という名馬を差し出すよう勅命が出されたが、彼はそれを拒んで家督を長男の小五郎に譲り、宇佐ヶ岳の山中の「かくれが迫」に隠れ住んだ。しかし勅命に逆らったため、小五郎は父の代わりに京都四条河原で処刑され、その断末魔の叫びが宇佐ヶ岳で馬を休めていた重氏の耳に届

広く平坦な山頂からは眼下に中国自動車道、遠くに広島市街まで見晴らす

進むと、突然大きなくぼみを踏み越える。これは炭焼窯跡で、往事の生活を今に残している。窯跡を通過するとまもなく**主稜鞍部**へ着くのでひと息入れよう。

鞍部を出発すれば本コースのハイライト、山頂へ続く急登がはじまる。新緑や紅葉のシーズンには周囲に広がる広葉樹の彩りが高度を上げるたびに変化する。やがて頭上が開けてきたら、背後に大将陣《たいしょうじん》、登ってきた尾根、大谷辻《おおたにつじ》や十王山《じゅうおうさん》、羅漢《らかん》山《ざん》などの展望が広がる。

さらに明るい尾根道をたどれば広く平坦な**小五郎山**山頂へ着く。山口県最高峰の寂地山《じゃくじさん》、羅漢山、広島県の吉和《よしわ》冠山《かんむりやま》、鬼《おに》ヶ城山《じょうやま》、大峯山《おおみねさん》、島根県側には安蔵寺山《あぞうじやま》、香仙原《こうせんばら》、築山《つきやま》など西中国山地の名峰がほしいままである。

下山は往路を引き返すのが一般的だ。（樋岡栄一）

CHECK POINT

登山起点の向峠バス停。北へ続く舗装道に入る

林道から折り返すように右上方向の登山道に入る。入口には案内板がある

途中に踏み越える大きなくぼみは炭焼窯の跡。往事の生活がしのばれる

主稜鞍部は広く平坦。これから先の急登に備え小休止をとるとよい

山頂へ向かう急登では左右にササ原、頭上には美しい自然林が続く

展望のよい小五郎山の山頂からは西中国山地の山々が一望できる

いた。名馬「竜」は愕然とした主人の姿に力が抜けて、ツタに足をとられて深谷の底に転落し、刺さった梅の枝がもとで河津伏田の尾端で死んだ。土地の人は父子の馬を哀れみ、いつしか小五郎山とよぶようになったという。

▽深谷川の河川争奪がおもしろい。深谷川は太古、高津川に繋がって日本海に水を落としていたが、浸食によって深谷川は宇佐川支流へと流れを変え（河川争奪）、今のように錦川を経由して瀬戸内海側の川となった。

▽向峠から国道434号へ進むと深谷峡温泉清流の郷、さらに広瀬へ向かえばSOZU温泉があり、いずれも日帰り入浴可。

▽国道187号沿いに「道の駅ピュアラインにしき」があり特産品のこんにゃくやわさびを販売、レストランではジビエ料理も提供している。

▽トイレは深谷大橋先の深谷駐車場にある。

■問合せ先

岩国市錦総合支所☎0827・72・2111、錦川清流線錦町駅☎0827・72・2002、広瀬タクシー☎0827・72・2529、深谷峡温泉清流の郷☎0827・74・5100、SOZU温泉☎0827・73・0236

■2万5000分ノ1地形図

宇佐郷

＊コース図は76ページを参照。

27

かつての鉱山跡をたどるアドベンチャーコース

小五郎山② 金山谷コース

こごろうやま 1162m

日帰り

歩行時間＝2時間45分
歩行距離＝4・9km

技術度 ▲▲
体力度 ♥

コース定数＝15	
標高差＝715m	
累積標高差	↗831m ↘831m

↑甲羅ヶ谷橋手前から眺める小五郎山

←紅葉の時期が特に美しい

小五郎山は西中国山地の西端にそびえる独立峰で、山頂に立てば山口県最高峰の寂地山《じゃくじさん》など西中国山地の名峰が一望できる展望の山である。従来は南麓からの向峠《むかたお》コースが一般的だったが、2009年にオンドル跡や鉱山跡をたどる金山谷《かなやまだに》からの登山道が拓かれ、さらに魅力あふれるコースにさま変わりしている。今なお往時の面影を残す古道が楽しいコースでもある。

登山口まではマイカーかタクシーを利用、山口県と島根県の県境にかかる深谷《ふかたに》大橋から島根県側に700㍍南下して初美《はつみ》地区に入り、分岐を右折して長瀬《ながせ》峡方面へ向かう。民家の点在する田野原《たのはら》集落に着き、右に甲羅《こうら》ヶ谷《たに》橋を渡って山口県に戻り、分岐を左折すれば民家北側奥の駐車場へ着く。ここが**金山谷登山口**だ。

コンクリートの舗装道を折り返し、堰堤横から登山道に入る。最初の分岐を直進すれば、鉱山関係者が利用したと思われるオンドル跡（床下暖房）が残っている。登山道は最初から急登が続くので、登

■鉄道・バス
往路・復路＝登山口までの公共交通機関利用は不便なため、錦川清流鉄道錦町駅からタクシーを利用することになる。

■マイカー
中国自動道六日市ICから県道16号を西へ進み、初美地区で深谷大橋手前を北上し、長瀬峡方面へ向かう。または吉和ICから国道186号、同434号を経由して向峠に入り、深谷大橋、長瀬峡を目指す。駐車場は民家奥北の空地が利用できる。

■登山適期
秋の紅葉、次いで新緑、初冬の枯木もよい。

■アドバイス
▽山頂から向峠まで縦走する場合、向峠登山口から金山谷登山口まで約6㌔、所要時間は1時間30分。向峠登山口から県道を西へ約700㍍で向峠西集会所前の分岐を北上、深谷川沿いにせせらぎが心地よい。
▽登山口から甲羅ヶ谷に沿って登るが、この語源は小五郎山に群生するコウラグサ（ミヤマカンスゲ）による。昔はこの植物で防寒具・雨具の簑をつくっていた。
▽登山道は昔の鉱山作業道を再現しており、途中には銀や銅を採掘した鉱山跡や坑道（間歩）がそのまま残っている。また、手彫りの横穴式坑道跡は見学することもできるので、

途中にある平坦地などを利用して体調を整えよう。さらに高度を上げれば岩の多い**寺床**（修験堂跡地）に着く。

展望岩を見送り、沢を3回渡れば説明板の立つ**鉱山跡の中心地**となる。周囲には石でつくられた平坦な精錬所跡が多く、足もとに鉱石の製錬によるスラグなどが無雑作に転がっている。

踏跡をたどりながら高度を上げると、竪穴式の坑道跡を通過する。周囲には坑道跡が多い。横穴式坑道跡の案内にしたがって登山道を離れ、西へ進むと坑道入口に着く。ライトを用意して探検するとよい。坑道探検ののち、ササ道の急登になればもうすぐ3等三角点の**小五郎山**山頂だ。

下山は往路を引き返すのが一般的だが、向峠へ周回用の車両を配置しておけば、縦走も楽しい。（樋岡栄一）

広い山頂からは中国山地の名峰が一望

CHECK POINT

1 甲羅ヶ谷橋を渡って山口県に入り、民家前を左折して駐車場へ着く

2 鉱山従事者が利用したオンドル（床下暖房）跡

3 急登をたどれば岩の多い寺床（修験堂跡地）に着く

4 沢の先に説明板が置かれた精錬所跡。足もとにはスラグが転がっている

5 横穴式坑道跡に入り坑道探検をしてみよう。長い坑道なのでライトの用意を

6 3等三角点の置かれた山頂は広く平坦な展望地

ライトの用意を忘れずに。

鉱山跡には石垣により平坦な精錬所が多くつくられている

▽本コース、駐車場ともに土地の所有者の好意により解放されている。地元の迷惑になるような行為は厳に慎むこと。

■**問合せ先**

岩国市錦総合支所☎0827・72・2111、錦川清流線錦町駅☎0827・72・2002、広瀬タクシー☎0827・72・2529、深谷峡温泉清流の郷☎0827・74・5100、SOZU温泉☎0827・73・0236

■**2万5000分ノ1地形図**

宇佐郷・六日市

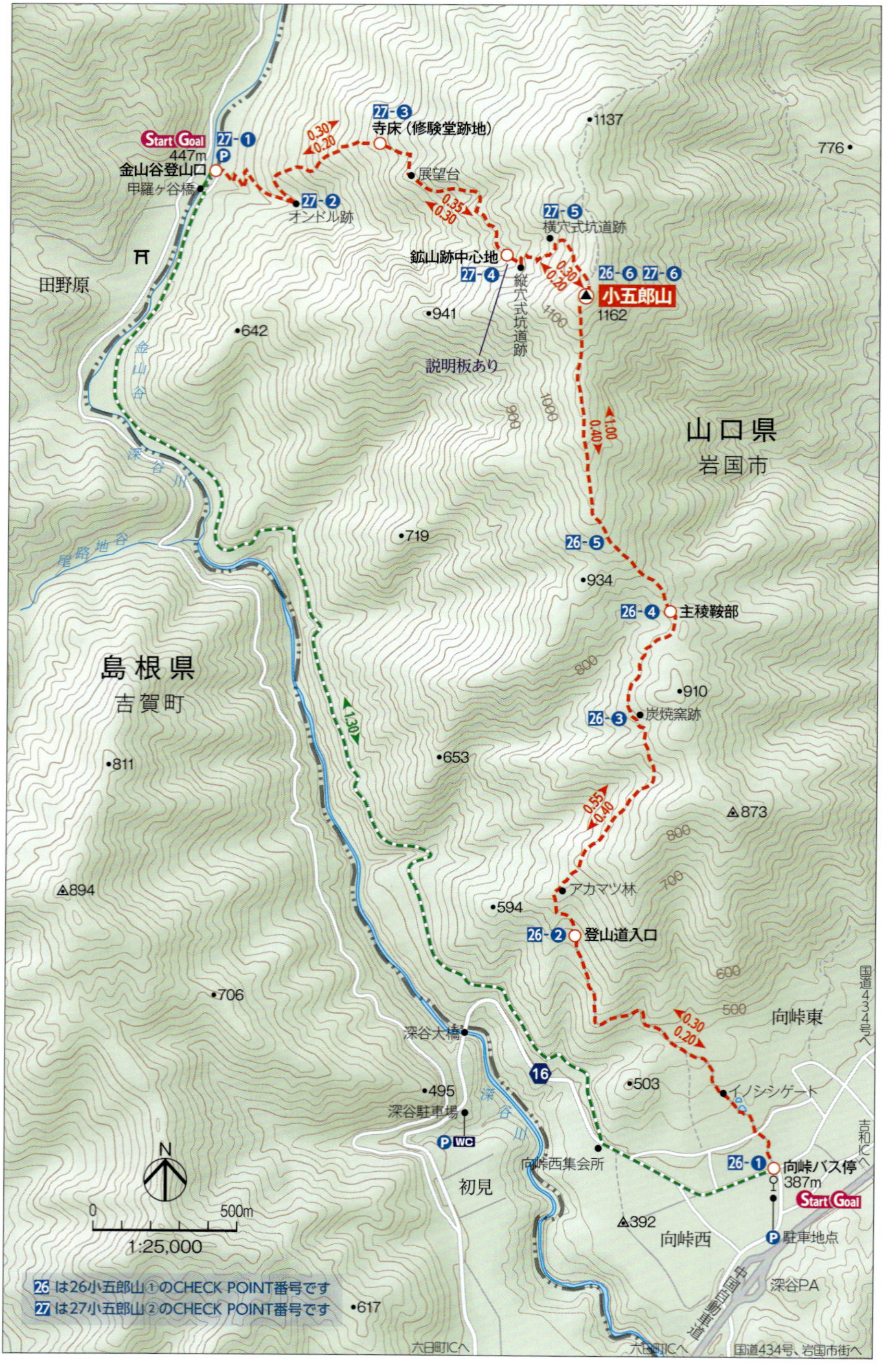

Start Goal
27-1
447m
金山谷登山口
甲羅ヶ谷橋
27-2
オンドル跡
27-3
寺床（修験堂跡地）
展望台
0.30
0.20
0.35
0.30
27-5
横穴式坑道跡
鉱山跡中心地
27-4
縦穴式坑道跡
説明板あり
26-6 27-6
小五郎山
1162
1137
776
田野原
642
941
金山谷
深谷川
尾路地谷
山口県
岩国市
1.00
0.40
719
26-5
934
26-4
主稜鞍部
島根県
吉賀町
910
26-3
炭焼窯跡
1.30
653
811
0.55
0.40
873
アカマツ林
894
594
26-2
登山道入口
706
向峠東
国道434号へ
深谷大橋
16
495
503
イノシシゲート
深谷駐車場
P WC
向峠西集会所
吉和ICへ
26-1
向峠バス停
387m
Start Goal
初見
392
向峠西
P 駐車地点
中国自動車道
深谷PA
N
0
500m
1:25,000
26は26小五郎山①のCHECK POINT番号です
27は27小五郎山②のCHECK POINT番号です
617
六日町ICへ
六日町ICへ
国道434号、岩国市街へ

巨大な寂地山全景

28

日帰り

寂地山

ブナと急崖の水に酔う山口県の最高峰

じゃくじさん（じゃくちさん）
1337m

歩行時間＝4時間5分
歩行距離＝12.5km

技術度
体力度

コース定数＝22
標高差＝867m
累積標高差 ↗1040m ↘1040m

寂地山は茫洋とした巨大な山塊である。山体で山口県、広島県、島根県の三県境をなしており、県下最高峰であるにもかかわらず、気軽に登れるために、県外からの登山者も多い。秋の渓流や新緑のブナ林、ブナハリなどのキノコ狩りなど恵み多き山でもある。

登山口の**寂地峡入口駐車場**から舗装道（寂地林道）を5分でキャンプサイトを**左に見送り**、さらに25分で林道がヘアピン・カーブするところにあずまやがある。林道から分かれてあずまやのうしろから**犬戻《いぬもどし》遊歩道**に入る。木道や鎖で整備されており、とても歩きやすい。

左手に深い犬戻峡谷を楽しみながら5分で犬戻滝の下に着く。河原からは滝の最下端しか見られないが、ここから5分登った標高800メートルの**寂地林道合流点**から俯瞰が可能だ。寂地林道は展望の道。秋なら燃えるような紅葉が犬戻峡を包む。

ここから林道終点まで約30分の水平道歩行である。寂地山の登りにかかると展望がほとんど得られないので、この林道歩行で展望を楽しんでおこう。スケジュールによっては林道終点まで車で進入し、駐車も可能である。

林道終点からコンクリートの橋を渡り、みごとに成長した杉林の中を急登する。ルートは遊歩道として整備されており、山頂まで一本道だから迷うことはない。登ることだけに集中せずに、巨大な寂地杉の林を堪能しながら行こう。林床の植生は深く豊富で、イワカ

■**鉄道・バス**
往路・復路＝岩国市の生活バスが寂地峡入口バス停まで運行しているが、登山の場合はマイカー利用が一般的。タクシーは錦町広瀬から利用するとよい。広瀬タクシー（☎0827・72・2529）。

■**マイカー**
中国自動車道吉和ICから国道186号を西走、冠高原下で右折して国道434号に入り、寂地峡入口へ。岩国や山口方面からは、国道187号の十王橋で国道434号に入り、北上して寂地峡入口駐車場に向かう。

■**登山適期**
春の新緑がいちばんよい。秋の紅葉はもちろんよいが、全面の紅葉樹木とはなっておらず、全般的にバラツキがある。最もきれいなのは寂地林道から俯瞰した紅葉だろう。

■**アドバイス**
▽クマは臆病だが、春の母グマは子供を守ために攻撃的だから注意。クマのためにも鈴を鳴らしていこう。
▽『防長地下上申』は現・寂地山を「じゃくじ山」と記し、『防長風土注進案』は「錦ヶ岳」を「じゃくじ山」としている。後世に漢字の綴り字として「寂地山」をあてたので、「じゃくち山」となったのだろう。
▽登山口のキャンプ場から寂地峡の五竜ノ滝や宇佐八幡宮社叢の老杉や蝶も一見の価値がある。

広い主稜はカタクリの聖地。カタクリは絶対に踏まないように

ガミなど亜高山植物や高山植物がところ狭しとばかりに葉を広げている。

水平な巻道が沢に突き当たったところで、沢の中に石組みがわずかだが残っている。ワサビ田跡だ。

再び単調な登りに戻り、ゆっくり高度を上げ、林床にササの勢いが強くなってくると尾根は近い。

突然、広い主尾根に出るが、展望はない。苔むした倒木に目をやりながら、尾根に出て右に行けば**寂地山**山頂である。ブナ林の山頂に「第十八回国体炬火採火の地」の碑と小さな祠のそうさい神社がある。「そうさい」とは総裁で、隣の島根県から首相が出たので建てられたという。純朴にして複雑な息吹だ。

下山はもとの道を引き返す。

（中島篤巳）

CHECK POINT

登山口の寂地峡駐車場。店やトイレがあり、ひと息ついて登っていこう

犬戻の滝下を歩く。広く明るい空間が心地よい

犬戻遊歩道から寂地林道に出る。ここから水平道30分の散歩だ

林道終点から寂地山中に入る。いよいよ急登がはじまる

のどかな山道が続く。ブナや杉の巨木が目をひく

山頂は広いが展望はない

■**問合せ先**

岩国市錦総合支所☎0827・72・2111

■**2万5000分ノ1地形図**

安芸冠山

島根県
益田市
吉賀町
後冠山
1316
冠山
1339
寂地山
1337
広島県
廿日市市
広い尾根
錦ヶ岳
(寂地山南峰)
1309
土滝山
1200
1100
1139
1.00
0.40
ワサビ田
1000
林道終点登山口
1196
1235
ミノコシ峠
900
寺床
1082
999
0.30
1076
800
右谷山
1234
林道
犬戻滝
0.15
0.10
山口県
岩国市
915
犬戻遊歩道入口
967
あずまやがある
874
常国
0.25
宇佐
672
434
909
五滝ノ滝
寂地林道分岐
0.05
WC
Start Goal 470m
寂地峡入口
駐車場
672
宇佐神社
寂地峡入口
バス停
0
500m
1:30,000
宇佐
中国自動車道
深谷峡温泉、雙津峡温泉、岩国、徳山へ
六日市ICへ
冠高原へ
吉和ICへ
松ノ木峠、冠高原へ

右谷山（左端）から寂地山（右端）に続く長い尾根が訪れる登山者を魅了する

29 右谷山

滝を登り、木馬トンネルを抜けてブナの山頂へ

みぎたにやま
1234m

日帰り

歩行時間＝4時間20分
歩行距離＝10・6km

技術度 ■□□□□
体力度 ■■□□□

コース定数＝22
標高差＝764m
累積標高差 ↗1006m ↘1006m

寂地峡《じゃくじきょう》の流れが登山口近くで90度東に折れ、垂直に落ちはじめる。みごとな5つの滝（五竜ノ滝）のはじまりだ。懸崖の水音が岩間に響き、暑ささえも吹き飛ばす。登山はそんな風景ではじまる。山奥にも生活の跡があり、長い道のりだがあきることはない。

急崖を飾る五竜の滝

寂地峡入口駐車場のトイレ横から寂地川左岸を約5分でキャンプ場まで行き、**寂地林道の分岐**から左手の橋を渡って五竜《ごりゅう》ノ滝沿いに岩の間を石段や手すりを頼りにほぼ垂直に登る。次々と現れる滝に目を奪われながら20分で水平道である。右に行き、頭を打たないようにして木馬（道）トンネルを抜けると風景は一変し、静かな渓流沿いの道となる。

赤い竜生《りゅうじょう》橋を渡って左岸を行き、また橋を渡って右岸の水平な道を行く。道

■**鉄道・バス**
往路・復路＝公共交通機関を利用しての登山は難しい。

■**アクセス**
中国自動車道吉和ICから国道186号を西走し、冠高原下で右折して国道434号を寂地峡入口に向かう。岩国や山口方面からは国道187号十王橋から国道434号を北上する。

■**登山適期**
4月以降がよい。春～初夏はワラビ採り、レンゲツツジ、ササユリ、秋はカワラナデシコ、ウメバチソウ、マツムシソウなどが咲く。10月下旬にはススキの白穂もすばらしい。

■**アドバイス**
『防長地下上申』絵図に、1234メートル峰が「カラス場山」とある。しかし、「烏庭（烏場）」は三角点の点標（名）である。営林署の『山口事業区事業図』では、「右谷山」を広い国有林区名とし、現場では現・右谷山は「烏庭」として扱っていたようである。現在、一般に「右谷山」とよばれている1234メートル峰は、1153メートル標高点から南に派生する尾根を境にして、「左谷」に対する「右谷」の「山」が「右谷山」として新しく生まれたと思われる。「左谷山」は、まだ存在していない。

■**問合せ先**
岩国市錦総合支所☎0827・72・2111、広瀬タクシー☎0827

なりに歩き、再び左岸に出て少し行くと左に石組みがある。これは水力を利用したノコギリ小屋跡（製材所）である。渓流を楽しみながらトンネルから約1時間で橋を渡り、次いで**タイコ谷出合**でもう一度橋を渡ると、主尾根への登りがはじまる。

谷を左にして、ゆっくり高度を上げる。左手の沢に崩れた石垣はワサビ田跡だ。出合から40分、チマキザサやブナの木が目立ちはじめ、うしろに羅漢山《らかんざん》が見えるともう**ミノコシ峠《たお》**である。尾根は4月下旬から5月上旬にかけてカタクリの花が咲き、とても楽しいルートとなる。花を踏みつけないように気をつけて歩こう。

尾根を左に進み、樹間の展望を楽しみながら行けば、25分で3等三角点の**右谷山**山頂に登り着く。木の間越しに展望も得られる。

下山は西に下る。尾根の右直下を巻きながら下るので、小五郎山《こごろうやま》方面の胸がすくような大展望が楽しめる。

歩きやすい道を35分で**藪《やぶ》ヶ峠《たお》**まで下る。峠からは左に谷沿いに行く。ここはまれに少しの間だけササやぶになるところがあるが、すぐにしっかりとした道が続く。

30分で浦石《うらいし》峡の**林道**まで下る。この林道を右に行くと、すぐ左下に木目《もくめ》ノ滝を見る。確かに波紋が岩の上で木目になっている。あとは林道を1時間で登山口の**寂地峡入口駐車場**に着く。（中島篤巳）

・72・2529
■2万5000分ノ1地形図
安芸冠山

CHECK POINT

木馬トンネルは手掘りのトンネルで、頭上注意

石垣は水力利用の製材所跡で、よく探すと導水路がある

寂地川沿いは明るい峡谷で、ところどころ階段がある

ミノコシ峠で左に進む。展望はないが、広くて明るい道

右谷山山頂は印象が薄いが、風景は昔から変わらない

藪ヶ峠。河津の子供たちはこの峠を越えて通学していた

↑第2新道途中から、紅葉の莇ヶ岳を見る

←莇ヶ岳山頂。石鎚神社奥の院祠が鎮座している

30

スリリングな鎖場をよじ登り、展望の頂へ

莇ヶ岳① 正面道・第2新道

あざみがだけ 1004m

日帰り

歩行時間＝2時間25分
歩行距離＝3・4km

技術度
体力度

コース定数	＝11
標高差	＝410m
累積標高差	485m / 485m

莇ヶ岳は島根県境に位置する1000メートル峰だが、人里に近く、登山口から約1時間で登れる手軽さ、山頂直下の鎖場、抜群の展望、亜高山帯植物やブナ林などの魅力から、知名度、人気度も県内最高ランクで、休日はハイカーでにぎわう。山名は北隣の弟見山《おとどみやま》に対する「兄見山《あにみやま》」が訛ったとする説もあるが、兄見山は旧柚木《ゆのき》村の山で、位置が異なる。昭和16年に南麓石鎚《いしづち》神社の奥の院として開山されていて、人気のある山だけに、ルートは複数ある。ここでは正面道を登り、第2新道を下って周回してみよう。

■鉄道・バス
往路・復路＝公共交通機関の利用は難しい。JR徳山駅から、コアプラザかの行きの防長交通バスに乗り、終点下車。ここから莇ヶ岳登山口までタクシーを利用する（約13キロ）。

■マイカー
中国自動車道鹿野ICから国道315号を北上、戸根橋で莇ヶ岳登山口石標を見て右の狭い車道に入り、小河内集落へ向かう。集落を抜け、石鎚神社先の三差路を左折して登山口駐車場へ。

■登山適期
3〜6月、10〜11月。春はイワカガミ、ブナの新緑、秋は紅葉が美しい。

■アドバイス
▽熊の生息地なので、音の出るものをもって歩こう。
▽帰路は、第1新道（ヤマベ新道、松の木尾根コース）を下ってもよい。時間短縮になる。
▽そのほか、第3新道、小峰峠コースがあるが、ルートは荒れ加減である。
▽鹿野IC近くに「山野草のエキ」があり、約350種類の四季折々の山野草花が楽しめる。

■問合せ先
周南市鹿野総合支所☎0834・68・2331、鹿野せせらぎ観光案内所☎0834・68・1234、防長交通徳山駅前バス案内所☎0834

山頂直下の鎖場の登り

登山口駐車場から正面の道に入り、5分ほど谷をつめ、道標を見て左折、植林帯斜面の山道に取り付く。いきなりの急登である。やがて尾根道となり、いくぶん緩やかになるものの、相変わらず急登が続き、急激に高度を上げる。息が荒れはじめる八合目付近で、右に水平道が**分岐**する。直進は一般道で、鎖場を避けて尾根伝いに山頂へ上がるが、ここは右折し、右に一の鎖、左に二の鎖をすぎると三の鎖基部に着く。コース中のハイライトで、スリル満点の岩場を三点確保で慎重に上がろう。ただし無理は禁物で、不安なら潔く諦めて一般道に戻ればよい。岩場の途中にはエスケープルートもある。

岩を登りきると、**莇ヶ岳**山頂だ。石鎚神社奥の院祠が鎮座する明るい山頂は、すばらしい展望台となっており、飯《いい》ヶ岳《たけ》、石《いし》ヶ岳《たけ》、金峰山《みたけさん》などの山々がいく重にも重なり、山座同定の楽しいひと時がすごせる。山頂東側のブナ林の木陰は最適な休憩地で、避難小屋も建っている。

帰路は小峰《こみね》峠に続く県境尾根を南東に向かう。最初こそ急勾配の下りだが、その先は緩やかな稜線歩きとなる。**小ピークの三差路**で右折、県境と分かれ、支尾根をいっきに下り、橋を渡って**登山口駐車場**に戻る。（金光康資）

・21・2201
■2万5000分ノ1地形図
莇ヶ岳

CHECK POINT

登山口駐車場。10数台は駐車できるが、満車になることもある

正面の道に入る。「クマ出没!! 注意」の看板が目をひく

ここで左折して尾根に取り付く

鎖場分岐。右折は鎖場、直進は一般道

鎖場基部

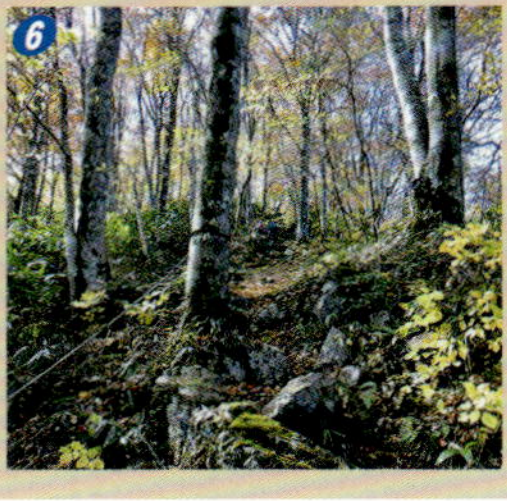

山頂直下の急勾配の下り

＊コース図は86ページを参照。

31 2つの1000メートル峰を縦走して周回するとっておきのコース

弟見山・莇ヶ岳②

日帰り

屋敷林道コース シャクナゲ尾根コース

おととみやま 1085m
あざみがだけ 1004m

歩行時間＝4時間
歩行距離＝9・7km

技術度
体力度

コース定数＝19
標高差＝535m
累積標高差 848m 848m

飯ヶ岳方面から見た弟見山

莇ヶ岳から北に続く県境稜線上に位置する弟見山は周南市の最高峰で、険峻な岩峰の莇ヶ岳に対し、泰然と盛り上がるスケールの大きな山である。山名の由来のひとつに、猟師の兄弟が山中で迷い、山頂からお互いを探したとする言い伝えがあり、弟見山に対して「兄《あに》見山《みやま》」という山名も残っている。春にはカタクリの花が咲き、山頂一帯はカタクリロードとなる。これまでは仏《ほとけ》峠からか、莇ヶ岳から往復するコースしかなかったが、近年、屋敷《やしき》林道コース、シャクナゲ尾根コースが拓かれ、周回できるようになった。

↑カタクリ

←カキラン

弟見山駐車場から奥へ続く屋敷林道支線を進む。林道といっても、すでに車の通れる状況ではなく、幅広い山道と思えば、約2・8キロの林道歩きも苦にはならないし、一本道だから迷うこともない。途中崩壊箇所も数箇所あるが、歩くのに支障はない。**林道終点**から前方の支尾根に取り付いて右折、ロープが設置された急坂を登ると、やがて県境稜線に上がり、縦走路と**合流**する。

ここで左折して弟見山山頂を目指す。莇ヶ岳など南面を見わたす展望地をすぎ、その先の山頂へ続く緩やかに起伏する道は、4月中～下旬ごろにはカタクリロードとなる。登り着いた**弟見山**山頂は、

■鉄道・バス
往路・復路＝公共交通機関の利用は極めて難しい。JR徳山駅から、コアプラザかの行きの防長交通バスに乗り、終点下車。ここから屋敷林道入口まで（約15キロ）タクシーを利用する。林道入口から登山口まで徒歩（約1・4キロ）。

■マイカー
中国自動車道鹿野ICを降り、国道315号を北上、河内峠手前で「錦川源流のまち鹿野」の看板を見て右折、屋敷林道を約1・4キロ走り、分岐の右道の先に弟見山駐車場がある。

■登山適期
3～6月、9～11月。特に4月のカタクリの開花時期、6月のササユリ開花時期がおすすめ。秋の紅葉の時期もよい。

■アドバイス
▽屋敷林道は手入れがされていないと草がかぶる場合がある。弟見山駐車場まで車で入ることをためらう場合は林道入口付近に駐車スペースがある。登山口まで徒歩約20分。
▽弟見山には仏峠から稜線伝いに明瞭な登山路が通じている。

■問合せ先
周南市鹿野総合支所☎0834・68・2331、鹿野せせらぎ観光案内所☎0834・68・1234、防長交通徳山駅前バス案内所☎0834・21・2201

おおらかな平坦尾根の明るい広場で、三角点がなければうっかり通りすぎてしまいそうなピークである。樹間越しに北～東面などの山々が望めるが、展望を楽しみたければ、先ほどの展望地に戻ってゆっくりするとよい。

ひと息ついたら、𦰩ヶ岳への縦走を開始しよう。県境稜線上につけられた縦走路をひたすら南下する。この縦走路は、ルートにササがかぶっていたり、荒れ加減になることもあるが、ササユリやイワカガミ、ブナやクヌギの林などが楽しみを添えてくれる。右に**シャクナゲ尾根コース分岐**をすぎ、登り返すと**𦰩ヶ岳**山頂に到着する。

帰路はいったん**シャクナゲ尾根コース分岐**まで戻り、左折して尾根道を下る。途中、左に𦰩ヶ岳、右に弟見山が見える箇所がある。ただ尾根名となっているシャクナゲは見られない。**鞍部で踏跡が三方に分岐**する。右折して北谷道を下り、**弟見山駐車場**に戻る。

（金光康資）

■2万5000分ノ1地形図
椛谷・𦰩ヶ岳

展望地から𦰩ヶ岳を望む

CHECK POINT

1 屋敷林道弟見山駐車場

2 屋敷林道支線を終点まで進む

3 県境尾根に上がり縦走路に合流

4 展望地から山頂へ。春のカタクリロード

5 広い弟見山山頂

6 シャクナゲ尾根コース分岐

弟見山
1085
兄見山
981
仏峠へ
仏峠（←1.20 1.30→）弟見山
仏峠コース
769
山口市
31-5
31-4
カタクリロード
展望地
818
急坂
31-3
1031
屋敷林道コース分岐
林道終点
849
1.05
0.55
983
31-2
屋敷林道コース
吉賀町
794
698
31-1
Start Goal 550m P
弟見山駐車場
屋敷林支線
31-6
シャクナゲ尾根コース分岐
0.15
0.25
0.25
0.30
北谷道
鞍部分岐
シャクナゲ尾根コース
鎖場は危険なため、
下降路としては
使用しないこと
30-6
0.40
1004
三の鎖場
30-5
莇ヶ岳
分岐
30-4
751
南谷道
小峰峠へ
915
小ピークの
三差路
第2新道
周南市
屋敷林道
第1新道
30-3
尾根取り付き
0.40
0.45
30-2
登山口駐車場 P
594m 30-1
Start Goal
720
813
315
0
500m
1:25,000
小河内川
第3新道
540
30 は30莇ヶ岳①のCHECK POINT番号です
31 は31弟見山・莇ヶ岳②のCHECK POINT番号です
鹿野ICへ
石鎚神社、小河内、戸根橋へ

32

馬糞ヶ岳

女人禁制の神社から1等三角点の深い森へ

ばふんがだけ
985m（1等三角点）

日帰り

歩行時間＝3時間15分
歩行距離＝7・0㎞

技術度
体力度

コース定数	＝**15**
標高差	＝518m
累積標高差	↗670m ↘670m

馬糞形の馬糞ヶ岳

登山口の秘密尾《ひみつお》地区は深い山底の狭隘な土地にあり、集落は消滅状態である。驚いたことにこの地には女人禁制の氷見《ひみ》神社中宮と奥宮が今に受け継がれている。社叢の森は深く、山には熊棚を見ることもある。なお、紹介コースは近年荒れ気味で、「熟達者対象」であることに留意して出かけてほしい。

氷見神社入口を出発。広い車道を30分ほど歩き、沢を渡ったガードレールの右が**登山口**。小さな目印がある。すぐ右手の小さな支尾根に取り付き、かすかな踏跡をたどれば細い山仕事の道となる。目印のテープを参考にしてジグザグに登ると崩落跡の道に出る。これをまっすぐに登り、尾根直下で右上に上がる細道をとれば、登山口から20分で**札《ふだ》ヶ垰《たお》**だ。傍らの石標

■**鉄道・バス**
往路・復路＝公共交通機関を利用しての登山は難しい。

■**マイカー**
中国自動車道鹿野ICから国道315号を南下し、田原交差点で左折、県道9号に入り、突き当たりを右折して県道9号をたどり、山免で左に折れて600㍍で右に上がる合ノ川沿いの車道を進む。道なりに走れば、前方に馬糞形の山と麓の集落が少し見え、そのまま下って周南市秘密尾地区の氷見神社まで行く。駐車は路肩が利用できる。また車道が広いので、登山口付近も路肩に駐車可能なスペースがある。

■**登山適期**
春の新緑がよい。秋がよいのはどこも同じだが、紅葉はさほど期待できない。

■**アドバイス**
▽ルートはヤブ化が進行しているので、必ず熟練者の同伴で出かけること。一般には北の長野山山頂緑地公園から往復するコースがおすすめ。往路・復路ともに所要は1時間30分。
▽氷見神社は中宮と奥宮とが今も女人禁制。中宮の小祠は20年ごとの遷宮が行われており、次回は2032年である。
▽奥宮への道は完全に消えており、急斜面のササコギで直登する。稜線直下の巨岩が御神体であり、古い史

氷見神社。背後の稜線直下に見える巨岩が奥の院だが、行けるのは熟練者のみ

には「右すま、左ひろせ道」「右ひみつをごんげん、左すま」「右ひろせ、左ごんげん道」「弘化三年丙午六月、せわ人谷屋宮左ヱ門、石工□藤左ヱ門」と記されており、江戸時代は往来の三差路であったことがわかる。ブナやミズナラ、クヌギなど広葉樹の林が美しい。

ここからヤブ尾根を北に登れば約20分で広い肩に立つ。ここで支尾根に入らないように右にとって主尾根をたどる。しだいに稜線直下を巻くようになり、稜線に戻ると長野山への分岐点である。ここまではササを分けて行くことになるので、ルートをしっかり確認しながら進もう。長野山分岐を右にとればすぐに**馬糞ヶ岳**山

CHECK POINT

1 登山口からガードレール右手の尾根に取り付く

2 明るい崩落地跡を登っていく

3 札ヶ垰は須万と広瀬の分岐点で、「弘化三年」の道しるべがある

4 ササが繁り、岩が多くなると主稜が近い。熊棚が見られることがあり、クマに注意

5 主尾根に出ると右へ。ササが繁るので、帰路にも注意したい

6 氷見神社中宮に20年遷宮の跡がある。次回はもう無理かもしれない

料には滝の絵で表現されている。滝は白滝すなわちこの巨岩であり、麓の田畑を潤す水の神様である。氷見神社前の車道から谷を見上げると巨岩が確認できる。

▽江戸時代の史料には「秘密尾岳」とある。馬糞ヶ岳の山名の由来は、これまでは「山中に馬糞の形をしたキノコが生えている」「山が平家の残党三百騎の糞でいっぱいになった」などという説が有力だったが、常識的には馬糞の形の山容にあると考えるべきであろう。その形に見える鹿野側で命名された山名である。

▽クマが生息する山域である。鈴など音を出して登ろう。熊棚は岩国市側に多い。

▽氷見神社社叢は県指定天然記念物で、シラカシ、イヌシデなどの原生林がすばらしい。

▽特産品にワサビ、コンニャクがある。

■問合せ先

周南市鹿野総合支所☎0834・68・2331（ルートに関しては期待できない）、冨士タクシー☎0834・68・2031

■2万5000分ノ1地形図

周防広瀬・周防須万

頂である。
下山は往路を引き返す。分岐点でコースを誤らないように気をつけて下っていこう。
（中島篤巳）

年々狭くなる山頂

33

高岳山

たかだけやま　1041m

国境の最高峰からかすかに望む津和野の赤瓦

日帰り

歩行時間＝4時間55分
歩行距離＝14・0km

技術度

体力度

コース定数 =22

標高差 =741m

累積標高差 807m 807m

↑高岳山遠望

←展望所からは徳佐盆地と津和野の町が見える

国道9号に長塀のような脊梁が並行する。これは藩政時代に周防《すおう》国と長門《ながと》国との境をした塀であり、塀の最も高い地点が高岳山である。高岳山は南の三《み》ツヶ峰《みね》からの姿がいちばん豪快だが、国道から見るとストッと落ちる北尾根の流れが印象的だ。

JR山口線**徳佐《とくさ》駅**から国道9号手前の旧石州《せきしゅう》街道を左折、北東に行き、すぐに右斜め方向に分岐する道に入って須賀《すが》神社横を行く。「高岳山登山道」の案内が右にある。神社先の交差を右に曲がって本谷林道に入り、約20分で右に**あたご様道が分岐**する。左に直進して、荒れた林道桐《きり》ヶ峠線を行けば、**林道終点が高岳山登山口**だ。

道標にしたがって山道に入る。ていね

■鉄道・バス
往路・復路＝JR山口線徳佐駅が最寄り駅。ただし、実際にはマイカーを利用する登山者が多い。

■マイカー
JR山口駅方面からは国道9号を走り、徳佐駅をすぎると右手（東側）に「高岳山登山口」の案内がある。林道本谷線に入り、山仕事に迷惑をかけないような路肩を選んで駐車する。

■登山適期
新緑の春もよいが、稜線は秋の方が風情がある。

■アドバイス
▽崩落で大きく荒れたが、今は一合目、二合目などと、山頂まで標示が続いている。
▽桐ヶ峠へは東麓の島根県柿木村の古江堂から林道を歩き、峠手前で少しササをこげば登れる。また桐ヶ峠から三ツヶ峰への縦走もよい。
▽船方農場（☎083・957・0369）ではチーズなど乳製品や食肉製品などが人気。

■問合せ先
山口市阿東総合支所☎083・956・0111（市営バスも）、徳佐タクシー☎083・956・0640、宇佐川旅館☎083・956・0601、鶴屋旅館☎083・956・0107

■2万5000分ノ1地形図
椛谷・徳佐中

いに道をたどっていこう。支流を渡ると植林帯の巻道で本谷を横切り、続いて細いジグザグの急登に取り付く。

高度を上げ、左の支尾根に近づくとコースはカーブして谷を右にしてまっすぐ桐ヶ峠に向かう。山道に入って1時間、深く切れこんだ五合目の**桐ヶ峠**だ。右に三ツヶ峰への尾根道が分かれている。

峠から左に曲がり、明るい尾根を進んでいく。木の間越しに男性的な鈴《すず》ノ大谷山《おおたにやま》、左には女性的な十種《とくさ》ヶ峰《みね》。立ち枯れの木々も青空に映える。木の間には涼風が走り、ササや灌木の音が伝わってくる。

ナラやブナの木が目立ちはじめ、ササ道を行く。突然前方に大きな高岳山の全容が横たわる。小さく下り、そして大きく登る。登りきったところで桐ヶ峠から40分、コース脇左手に**高岳山**山頂の3等三角点がある。カーブして2分ほど進めば展望台がある。前方に徳佐盆地、右方、少し遠くを想像すれば、津和野《つわの》の街の声が聞こえるようだ。

下山は往路を引き返す。（中島篤巳）

CHECK POINT

1 舗装道にも案内があるが、小さいので見落とさないように

2 本谷林道上の分岐は左に直進する。明るい林道が続く

3 林道終点の沢に道標あり。道なりに進む

4 まずは一合目、ていねいな距離表示が続き、安心できる

5 桐ヶ峠（五合目）で尾根を左に進み、山頂を前にして進む

6 九合目、あといと息。低いササの道が心地よい

大きな山頂が威圧する

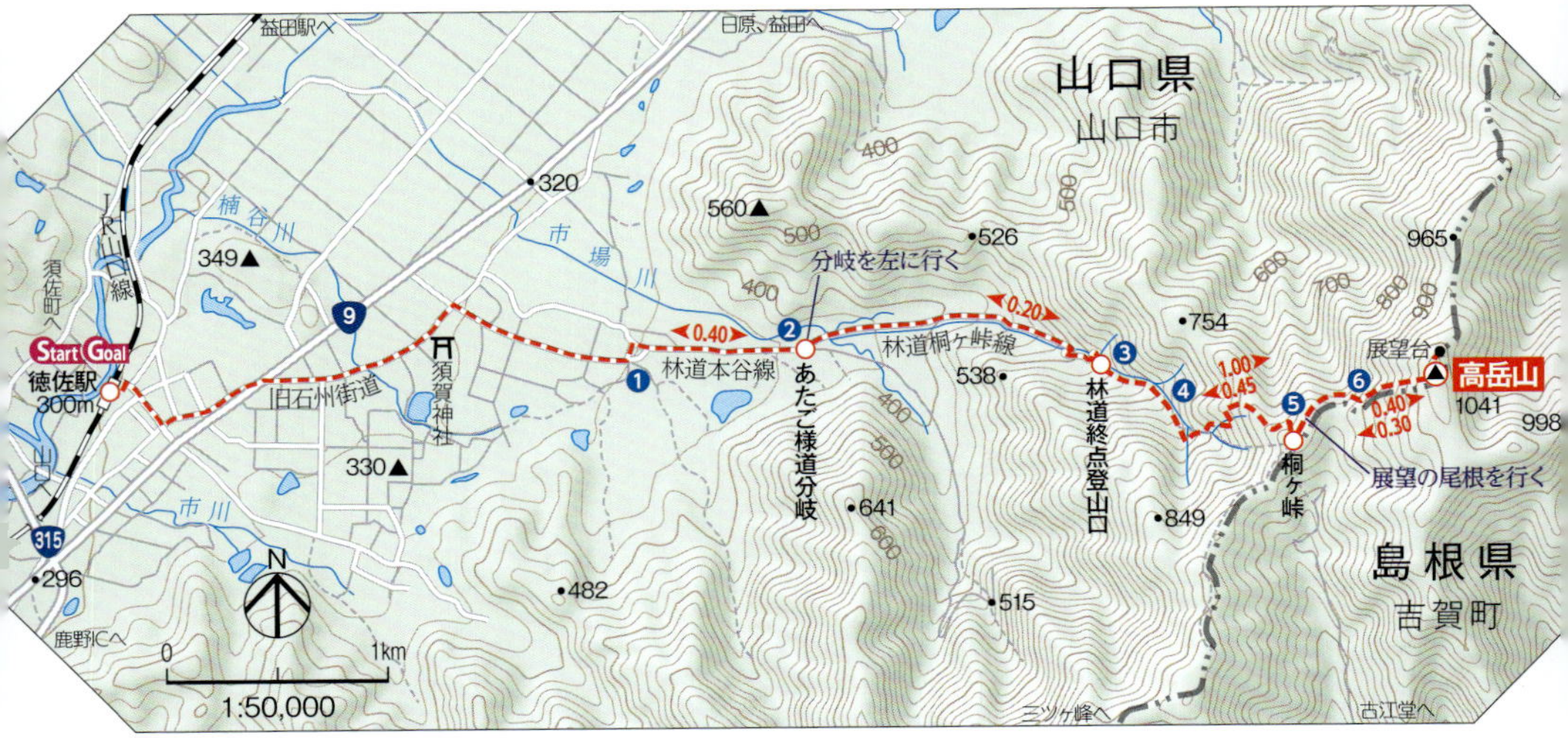

徳佐から十種ヶ峰を遠望する

34

山がご神体の美しい独立峰

十種ヶ峰

とくさがみね

989m（1等三角点）

日帰り

歩行時間＝2時間40分

歩行距離＝5・2km

技術度

体力度

コース定数＝13

標高差＝599m

累積標高差 625m 625m

十種ヶ峰は、「長門《ながと》富士」「徳佐《とくさ》マッターホルン」ともよばれる美しい山容の独立峰で、県を代表する山である。古くから神の山としてあがめられ、山名の由来は、「十種の神財をこの山に埋めた」という伝説による。今も地元の古老は「とくさがみね」ではなく「とくさがみ」と発音することがある。すなわち「十種神」であり、山自体がご神体なのである。「十種神」は古文書の山名にも見受けられる。

北麓には十種ヶ峰青少年自然の家、北斜面には十種ヶ峰スキー場があり、山頂からはパラグライダーなど、県民のアウトドア活動の拠点として、四季を通じて訪れる人が多い。ゴールデンウィークごろには、谷一面に清楚なヤマシャクヤクが咲き誇り、開花を見ようと、県内外からのハイカーでにぎわう。同時期、イカリソウの花も林床を彩る。神角《こうづの》を起点にして、ヤマシャクヤクコースを登り、神角コースを下る周回コースを紹介しよう。

ヤマシャクヤク

■鉄道・バス

往路・復路＝登山口に神角バス停があるが、生活バスなので登山者の利用は極めて困難。JR山口線徳佐駅からタクシー利用か徒歩となる。約7・3㌔。

■マイカー

国道9号徳佐の長沢交差点で国道315号に入り、須佐に向かう。約4・5㌔先の坂田バス停付近で神角への道標を見て右折、約1・7㌔で神角八幡宮にいたる。境内や臨時駐車場を利用する。トイレあり。

■登山適期

3～6月、10～11月。ヤマシャクヤクの開花時期は、年によっても若干異なるがゴールデンウィーク前後。

■アドバイス

▽ヤマシャクヤクコースは期間中ハイカーが多いのと、植物保護のため、登りの一方通行となる。山頂を踏まないで引き返したい場合は迂回ルートもあるが、急下降を強いられる。

▽ヤマシャクヤクコースは、開花時期以外は訪れるハイカーが少なく、夏季は草が被る箇所もあるので、神角コースの往復がおすすめ。

▽登り、下りともに、防獣ゲートを通過する。出入り後は必ずロックをしておこう。

▽北麓からの正面コースは、車道が肩付近までのびており、初心者や高齢者に適している。車道を避けて、

登山口の**神角八幡宮駐車場**から神社横の林道を山に向かう。樹齢160年のしだれ桜の下を通り、生木《いきき》地蔵そばの防獣ゲートをくぐる。堰堤を見ながら**林道終点**まで進むと山道となる。河原の遡行は慎重に歩こう。

谷分岐で右の谷に入るとヤマシャクヤクの自生地である。開花時期は短いが、満開時は谷一面が花で埋めつくされ、息を呑むようなみごとな光景が広がる。この先、わずかで**県境稜線**に上がる。山頂を踏まないで下山する場合は右折して下山専用迂回路へ。山頂へは左折し、県境尾根をたどる。

展望が開けるとまもなく山頂である。1等三角点の**十種ヶ峰**山頂は、樹木のない独立峰だけあって、青野山《あおのやま》をはじめ島根県の山々、高《たか》岳山《だけやま》、野道山《のどうやま》、大蔵岳《おおくらだけ》など、胸すくような360度の大パノラマが広がり、足もとには登山口の神角集落も見下ろせる。

帰路は熊野権現社に参拝し、肩の広場を抜け、**鳥居**の立つ分岐で、道標にしたがって神角コースに入る。海のように広がるチマキザサ原の奥に盛り上がる山頂に別れを告げ、樹林帯の中の一本道をどんどん下る。真新しい堰堤に下り立つと、**神角集落**は近い。(金光康資)

CHECK POINT

1 神角八幡宮駐車場。ヤマシャクヤク開花時期は臨時駐車場もある

2 生木地蔵と防獣ゲート

3 十種ヶ峰山頂。360度展望絵図板が設置されている

4 山頂直下の熊野権現社

5 肩の広場。T字路になっている草原

6 神角コース登山口

遊歩道やスキーゲレンデ斜面を直登することもできる。
▽しだれ桜は、徳佐八幡宮も有名である。
▽下山後、道の駅「願成就温泉」で汗を流すことができる。

■**問合せ先**
あとう観光協会☎083・956・2526、山口県十種ヶ峰青少年自然の家☎083・958・0033、徳佐タクシー☎083・956・0640、道の駅願成就温泉☎083・957・0118

■**2万5000分ノ1地形図**
十種ヶ峰

35 山頂から明治維新胎動の地、萩市を一望する

田床山《たどこやま》

373m

日帰り

歩行時間＝2時間55分
歩行距離＝7・2㎞

技術度
体力度

コース定数＝**12**
標高差＝367m
累積標高差 ↗423m ↘423m

↑阿武川越しに田床山を眺める

明治維新胎動の地、萩《はぎ》市を見下ろすのが田床山だ。眼下に流れる阿武《あぶ》川は、萩市市街地で橋本《はしもと》川と松本《まつもと》川に分岐して三角州を形成、河口には世界遺産に登録された萩城下町、突端に萩城址の指月山《しづきやま》が夕日に映える。また日本海には平坦な台地状の六島諸島《ろくとうしょとう》が並び、空気の澄んだ日には45キロ先に浮かぶ見島《みしま》まで見晴らす展望地だ。

←田床山から歴史の街、萩城下を俯瞰する。中央の丘は指月山

JR東萩《ひがしはぎ》駅から歴史散策を兼ねて登山口を目指そう。松本川沿いを500メートル南下、月見《つきみ》川にかかる観月《かんげつ》橋で左（東）に曲がる。川沿いを400メートルで広い県道に出合い、正面右に松陰《しょういん》神社が見えてくる。**神社入口**の大鳥居前を通り、東光寺の案内にしたがって松陰神社を左に見ながら進むと、伊藤博文旧宅への道が右に分岐する。ここはそのまま道なりに東へ進み、玉木文之進の旧宅手前を右折、「吉田松陰誕生地」の標柱を見て緩やかな坂を登れば、正面に吉田松陰と金子重輔像、左上に吉田松陰、高杉晋作、久坂玄瑞など維新の志士の墓が萩市内を見下ろしている。周辺には駐車場やトイレが整備されており、マイカーの場合はここからスタートしてもよい。

「陶芸の村公園」の案内にしたがって松蔭像の右側に続く遊歩道を進み、舗装道に出合ったところで左折、200メートル先の右側が**田床山登山道入口**だ。擬木階段の巻道から尾根道に入り、よく踏まれた道

■鉄道・バス
往路・復路＝JR東萩駅下車、ここから歩きはじめる。

■マイカー
吉田松陰誕生地から少し下ったところに無料駐車場がある。

■登山適期
四季を通じてよいが、特に空気の澄みわたる秋から初冬がよい。世界遺産の萩城下町、北長門国定公園に浮かぶ台地状の島々が美しい。

■アドバイス
▽吉田松陰誕生地に建つ吉田松陰と金子重輔像は、アメリカ船に乗りこむため伊豆下田から伝馬船をこぎ出した時の像である。

世界遺産の松下村塾。小さな私塾から明治維新の原動力となる多くの逸材を輩出した

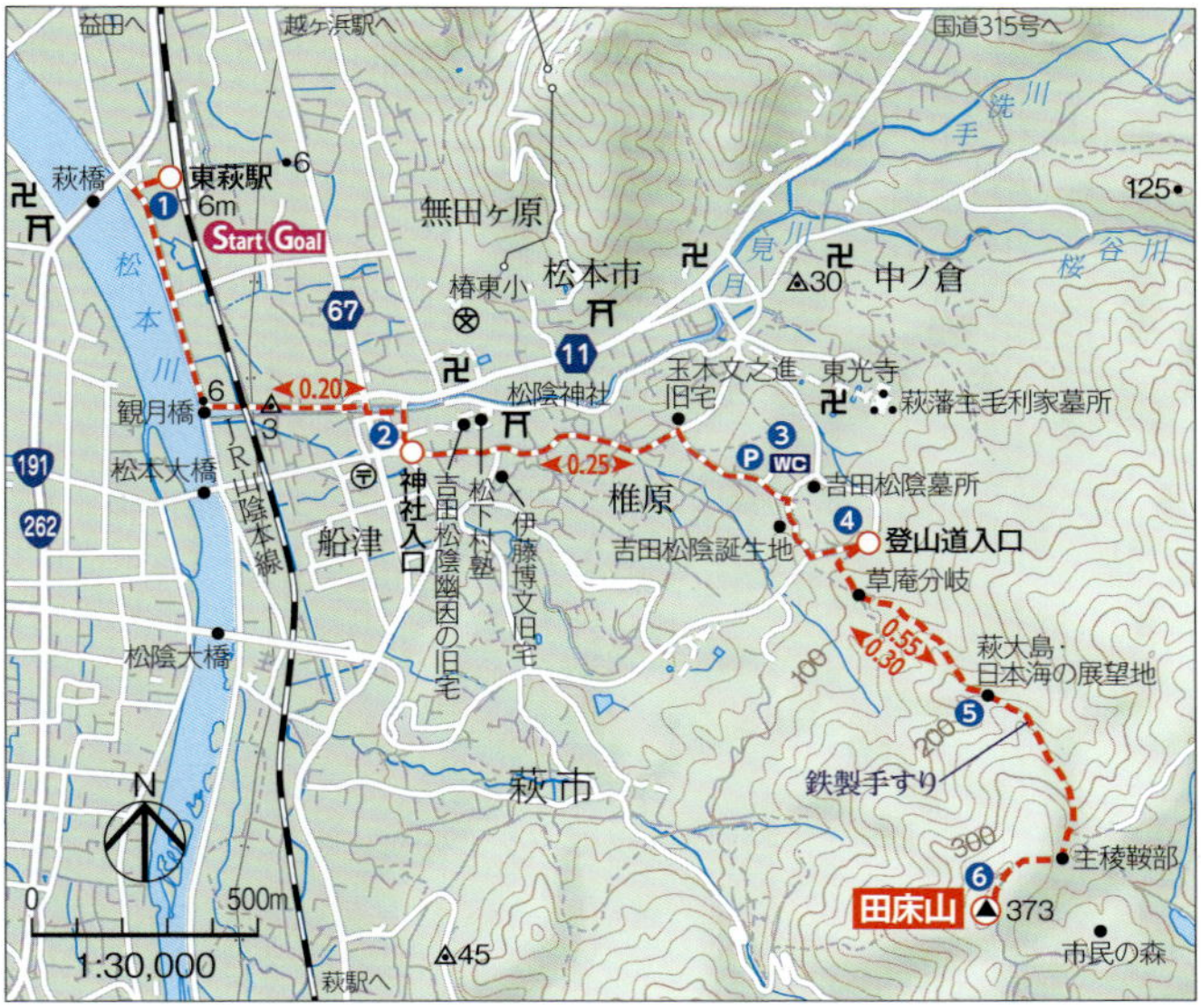

CHECK POINT

1 ＪＲ東萩駅より史跡散策を兼ねて出発する

2 吉田松陰を祀る松陰神社の大鳥居前を通過する

3 吉田松陰生誕地横に建つ吉田松陰と金子重輔像

4 登山道入口より擬木階段を登る

5 珍しい台地状の萩大島などの展望が広がる

6 山頂には休憩所、アンテナ、三角点などが設置されている

をたどる。途中で草庵入口の石標を左に見送り、緩やかな傾斜を進む。総じて展望は乏しいものの、日本海を見晴らす展望地では台地状の大島《おおしま》を眺めることができる。

やがて古びた鉄製の手すりが現れ、進路が緩やかに右カーブを描けば、擬木の階段が現れる。主稜直下で左に大きくカーブするところに「萩市」の石柱があり、右上に向かう道が分岐する。擬木の階段と別れ、右上へ進めば、明るい主稜鞍部の交差点へ着く。この分岐を右に行き、急な尾根へ向かうとアンテナ鉄塔の広場だ。わずかに下って登り返せば、ベンチと休憩舎、3等三角点が置かれた**田床山**山頂に着く。

下山は往路を引き返す。

（樋岡栄一）

▽松陰神社の祭神はもちろん吉田松陰。境内には世界遺産に登録された松蔭の私塾、松下村塾がある。

▽製鉄・製鋼、造船、石炭産業により萩市内で世界遺産の「明治日本の産業革命遺産」に登録された構成資産は、萩城下町、松下村塾、萩反射炉、恵美須ヶ鼻造船所跡、大板山たたら製鉄遺跡の5つである。

世界遺産の萩反射炉、鉄製大砲の鋳造に必要な金属溶解炉である

▽萩では明治維新の廃藩置県により士族の生活が困窮したため、士族救済のため夏みかんの栽培を奨励。士族へ苗木が配布された。その結果、武家屋敷には多くの夏みかんが実り、旧士族の生活も安定する。山口県のガードレールの多くが黄色なのは、この夏みかんの色に由来している。

■問合せ先
萩市役所☎0838・25・3131、萩市観光協会☎0838・25・1750、JR東萩駅☎0838・22・0271、松陰神社☎0838・22・4643、萩近鉄タクシー☎0838・22・0753

■2万5000分ノ1地形図
萩

36

東鳳翩山

ひがしほうべんざん
734m

深い谷道を登り、展望尾根から萩往還を下る

日帰り

歩行時間＝2時間50分
歩行距離＝8・0km

技術度
体力度

コース定数＝16	
標高差＝571m	
累積標高差	↗822m ↘822m

東鳳翩山遠望

県都・山口市にそびえる人気の峻峰である。ルートも明るく、少々広い。ここでは深山幽谷の感があるマニア向きの道を登ってみよう。信仰の滝、かすかに感じる生活の跡、深い谷……そんな緊張感のある行程は全体の10分の1、残りの大半は気軽で楽しいルートである。

山口市天花畑《てんげばた》の**錦鶏《きんけい》ノ滝入口駐車場**から。錦鶏川左岸沿いを約10分、橋を渡って左上に登ると錦鶏ノ滝である。ナマナマルートとよばれる滝の右の尾根道を登る。以前は消えていたが、今は道がある。

入山口の金鶏ノ滝

道なりに滝の上流で渓流を渡り、支尾根を巻いて次の谷筋を登る。

道は左を谷にして細々と続き、やがて石組が残る焼き子住居跡を見る。ここで少し道がわかり難くなるかもしれないが、踏跡をたどって左寄りに進んで、小さな渓流を横切り、少し歩くと右上に道が上がっている。この道に入り、沢沿いに登る。

テープを頼りに道なりに行くと、左手にのびる沢沿いに巻道が見つかる。これに入れば、滝から50分の地点で**二ツ堂ルートと交わる**。ここから山頂まで30分である。

右（北）に登り、植林帯の巻道から**主尾根鞍部**に出る。主尾根は

■鉄道・バス
往路・復路＝利用できるバス便はない。タクシーはJR山口線山口駅から天花畑の錦鶏ノ滝入口駐車場へ。

■マイカー
中国自動車道山口ICから県道21号を北西に上がり、国道9号との交差点を東進（左折）し、上竪小路交差点を左折して県道62号を北上すると、一の坂ダム（錦鶏湖）越しに東鳳翩山が見えてくる。錦鶏湖をすぎて500㍍で県道は右に上がるが、ここで左に分岐する小さな車道に入ると登山口の駐車場に着く。8台前後駐車できる。

■登山適期
カヤトの山頂が光に輝く秋から初冬がよい。初夏はヤマツツジや若葉がきれいである。

■アドバイス
▽技術度2としたのは、錦鶏ノ滝から二ツ堂ルートの交差までが時に倒木などで荒れることがあり、ルートファインディングを要する可能性があるためだ。山慣れた人の同伴があれば安心だろう。
▽埋もれつつある住居跡の石組をていねいに見ると、トイレ跡などもわかる。古老の話によれば、四国方面から一家をあげて山中に住みつき、山の持ち主の炭焼きを請け負った人の家という。いわゆる「焼き子」だ。
▽住居跡からルート沿いに石の山が

CHECK POINT

焼き子の家跡の石組

二ツ堂ルートに乗れば道がよい

主稜鞍部で左に山頂を目指す

山頂大展望。西に西鳳翩山が大きい

かつての風情を残す板堂峠の石畳

ていねいに復元された六軒茶屋跡

左（西）に登り、展望の山旅をはじめる。左に山口市街、右にダツヤ山を見ながら歩いていく。カヤトを正面にして登るので、日が傾くと穂先がキラキラと光を散らし、実に美しい。

3等三角点の**東鳳翩山**山頂は360度の大展望台だ。眼前に西鳳翩山、後方には下山ルートの尾根道がのびている。

下山は**主尾根の鞍部**まで戻り、北東に直進して主尾根をたどる。展望と灌木の遊歩道を25分で**ショウゲン山ルートの分岐**だ。ここは展望地で右下に錦鶏湖が近い。

分岐は右に進み、10分足らずで萩往還《はぎおうかん》の板堂《いたどう》峠まで下る。石畳の峠を右に下り、**車道**を横切って古道に入り、しっとりとした道を楽しもう。六軒茶屋《ろっけんぢゃや》跡をすぎると車道に出て、再びこの車道を横切って石畳の道を下れば登山口の**駐車場**だ。（中島篤巳）

あった。銅を採掘し、選別したカス石という。ルート脇に、浅いが採掘穴跡が残っている。

▽山口市街には常栄寺の雪舟庭、瑠璃光寺の五重塔、美術館、博物館など観光ポイントにはこと欠かない。

▽石畳は雨や雪で非常にすべりやすくなるので要注意。

■**問合せ先**

山口市役所☎083・922・4111、大隅タクシー☎083・922・0860、湯田温泉旅館協同組合☎083・920・3000

■**2万5000分ノ1地形図**

山口

犬ヶ迫登山口から望む荒滝山

37 荒滝山・日ノ岳

歴史の峰と自然の峰を結ぶ

日帰り

あらたきさん 459m
ひのだけ 459m

歩行時間＝2時間30分
歩行距離＝5・8km

技術度

体力度

コース定数＝13

標高差＝279m

累積標高差 677m 677m

展望と中世山城と民間信仰の山である。初心者や城マニア、ファミリー登山は荒滝山だけで、熟練者同伴でルートをたどることができれば、日ノ岳縦走をするとよい。日ノ岳ルートは少し荒れることもあり、ルートをはずすと迷いやすい地形なので注意したい。

犬《いぬ》ヶ迫《さこ》登山口を出発すると、すぐの車道分岐を右に、20分で枝尾根に立つ。左に登り、天狗岩と岩窟石像、吉《き》部《べ》稲荷社をすぎると、くぐり岩を示す道標に出合う。右に進んで、くぐり岩、城の堀切、郭の石垣、展望岩と楽しんで、**荒滝山**山頂、毛利方の内藤隆春の荒滝山城本郭跡に立つ。明るい山頂からは瀬戸内海、東・西鳳翩山《ほうべんざん》、秋吉台《あきよしだい》など360度の大展望が広がっている。

日ノ岳山頂は荒滝山を愛でる地

先に進もう。展望岩で右に下ると日ノ岳への道標があり、右に向かう。虎口、西郭と進むと植林帯の下りとなる。なんの変哲もない樹林の道が続くので、ていねいにル

■**鉄道・バス**
往路・復路＝JR山陽本線厚狭駅から船鉄バスに乗り、小松小野バス停で下車。犬ヶ迫登山口下までは3㌔ほど。

■**マイカー**
山陽自動車道美祢東ICから国道435号を約2・5㌔東走し、県道231号（美祢小郡線）に入り、峠を越えて荒滝川上流で分岐を北に曲がって犬ヶ迫登山口に向かう。犬ヶ迫登山口は20台ほどが停まれる駐車場やトイレが整備されている。

■**登山適期**
山頂は狼煙場でもある。瀬戸内海側から小野田の竜王山、荒滝山、絵堂の権現山と一直線に経て、最後は萩の茶臼山から指月城に送られた。したがって展望が開ける秋がよい。

■**アドバイス**
▽地元有志によって道標や道の整備が行われている。
▽荒滝城は大内氏の重臣である内藤隆春が1万石を拝領して築城した城。姉が毛利隆元に嫁したこともあって毛利方につき、内藤の家督を継いだ、孫で大内方の内藤隆世とは敵対関係となった。毛利の追撃で内藤隆世は大内義長とともに自刃した。

■**問合せ先**
宇部市北部総合支所☎0836・67・2812、船鉄バス船木営業所☎0836・67・0074、船木交通

ートをたどっていこう。10分で林道に出る。道標があり、林道を横切って前方の尾根に取り付く。

日ノ岳山頂まで残り50分である。歩きやすい道を25分も行くと、沢の上部でルートが消えかかる。そのまま沢を横切ると、ルートは左後方に上がっている細い巻道だが、すぐに尾根の登りにかわる。歩きやすい道で、小さなピークを越えて下ると広い作業道跡に出る。

左に曲がり沢を巻くと、ルートは尾根筋となり、南西方向に進む。次いで一本松展望所跡から左斜面の巻道となって南東方向に向かい、尾根道になればもう**日ノ岳**山頂だ。すばらしい展望で、特に眼前の荒滝山が円錐形で美しい。

下山はそのまま尾根を南下し、道なりに行く。尾根道が西斜面のジクザグな下りにかかると、道が少しわかり難くなる。テープや目印を見つけながら、ていねいにたどろう。鞍部まで下れば「犬《いぬ》ヶ迫《さこ》」の道標があり、左に曲がって谷沿いに下る。しだいに石垣や橋跡など生活の跡が目につきはじめ、樹林帯を抜け、イノシシ避けの柵を2回越して**車道**に出る。左（北）に20《メートル》ほど進み、分岐を右に、次に車道と交差したら左前方（テープ、道標）から山道を登っていく。この生活道を、テープ目印に導かれて、15分ほどで**犬ヶ迫登山口**の駐車場まで戻る。

（中島篤巳）

CHECK POINT

吉部稲荷社と天狗岩

「くぐり岩」。かなり狭い。通り抜けられるだろうか

展望の荒滝山頂。360度の大展望地にモニュメントがある

道が消える小沢を渡ると再び山道がのびている

開けたイノシシ柵を閉じる

再び山道となり、生活道をたどって登山口へ

（タクシー）☎0836・67・0238

■2万5000分ノ1地形図
湯ノ口

38

観瀑を満喫していっきに登る北辰妙見の山

桂木山

かつらぎさん
702m

日帰り

歩行時間＝2時間20分
歩行距離＝4・0km

技術度
体力度

コース定数＝**10**
標高差＝432m
累積標高差 432m 434m

桂木山遠望

長門《ながと》方面では一位《いちい》ヶ岳《だけ》とともに定番の名峰だ。山頂から四方に稜線を放ち、それぞれにルートがある。しかし秋芳白糸《しゅうほうしらいと》ノ滝《たき》と、展望と、信仰の桂木山とで一セットである。難点はマイカー利用が原則となり、別ルートで山頂に立って下山路を滝にすると、駐車地がとても遠くなることだ。スタンダードだが、滝から山頂への往復登山を紹介しよう。

秋芳大滝《しゅうほうおおたき》（長門白糸ノ滝、秋芳白糸ノ滝）上のキャンプ場が**登山口**となる。まずは擬木の丸木橋を渡って遊歩道を少し戻り、観瀑を楽しんでいこう（所要約20分）。水量豊富な30㍍の懸崖が会話をさえぎり、小さな不動《ふどう》石仏が水しぶきに濡れる。川床を洗う清流もよく、すばらしい空間である。

白糸ノ滝

滝の上の道に戻って登山を開始する。まず稜線の鞍部まで1時間だ。舗装された林道を川沿いに登り、橋を渡って右岸を登る。すぐに右下手に旧登山道が分かれるが、ワサビ田の所有者がこのルート使用を禁じており、かつては「わさび取るなら相撲とれ」と立て札が置かれていた。残念ながら心ない入山者が地元の方に迷惑をかけたようである。よって右の分岐

■鉄道・バス
往路・復路＝公共交通機関を利用しての登山は難しい。

■マイカー
中国自動車道美祢ICから国道435号を東走し、秋芳交差点で左折して県道31号を北走し、直進を続けて県道36号に入り、柏木（かえのき）で右折して秋芳大滝に向かう。秋芳大滝駐車場から秋芳大滝を経由し、キャンプ場へも行ける。

■登山適期
滝周辺は新緑の時期がよく、展望の秋は当然よい。

■アドバイス
▽山頂に2基ある妙見社はいずれも山上の建造物としてはりっぱな基壇である。向いている方向で、一方は日の峰地区、他方は青影地区の祭神だ。北辰妙見菩薩すなわち北極星を神格化し、さらに菩薩を本地とした権現を崇敬している。落雷（神の降臨）が多い山かもしれない。北辰妙見は武の神（仏）だが、さらに護国、厄除、福寿招来（たとえば五穀豊穣）の神として崇敬され、8月には風鎮祭も行われている。

■問合せ先
美祢市役所☎0837・52・1110、三隅安全タクシー☎0837・43・0855

■2万5000分ノ1地形図
秋吉台北部

は見送って、そのまま左上に登る。

作業小屋を左に見送ると舗装が切れ、次いで支尾根の裾で道が二分する。ここは右の巻道を行く。杉の植林帯に入り、シイタケの榾《ほた》木《ぎ》の道を抜け、小さな湿地を渡ると細い山道となる。右の流れは3回渡り返すことになる。

黙々と谷筋をつめると上部で広くなり、稜線が見える。急斜面の階段を登って主稜線上の**鞍部**に着く。しかし展望はない。右に進んで尾根筋を歩いていく。広くて歩きやすいのでペースが早くなりがちだ。ここはゆっくり登ろう。

山頂手前は急坂である。両脇の灌木が明るく、主稜に出てから25分で2等三角点の置かれた**桂木山**山頂だ。広い山頂からは、位置を少し変えれば360度の展望が得られる。北に日本海、南面にはすぐ下には秋吉台《あきよしだい》が、少し離れて東・西の鳳翩山《ほうべんざん》、花《はな》尾《お》山《さん》などが大きく広がる。山上には北辰妙見《ほくしんみょうけん》を祀る小祠が2棟ある。ビバークにも充分利用できるロボット雨量計跡の小屋も残っている。

下山は往路を引き返す。

（中島篤巳）

白糸ノ滝入口に河童が二匹

CHECK POINT

登山口のキャンプサイト。トイレもある

山に向かう。作業小屋をすぎて沢に入る

沢をつめていく。単調なコースだが、気をつけていこう

尾根に出る。これからが意外にきつい

山頂は近い。最後のひと登りはペースを落として

山頂には妙見社が2つ。おらが村の妙見さんというわけだ

於福集落から花尾山を遠望する

39

山頂に2つの権現を祀る北浦の秀峰

花尾山

はなおさん

669m（1等三角点）

日帰り

歩行時間＝3時間25分
歩行距離＝6・9㎞

技術度

体力度

コース定数＝15	
標高差＝550m	
累積標高差	↗611m ↘611m

日本海と瀬戸内海の分水嶺、長《なが》門《と》市と美祢《みね》市の境界にまたがる山である。山頂のカヤトが黄金色に輝く円錐形の美しい山容から、「長門富士」などともよばれる。1等三角点の山頂は、展望が開けた広い草原で、秋ならススキが陽ざしを受け、風に揺られてキラキラと輝く。山頂には2つの権現祠が石組台座の上に鎮座する。真新しい木鳥居の立つ嘉万《かま》方面を向いた祠は「華尾山吉野権現」、渋木《しぶき》方面を向いた祠は「花尾山権現社」である。また明治大学校歌作詞者で、郷土の詩人、児玉花外の歌碑も立っている。北麓の渋木側と南麓の嘉万側に登山口があるが、ここでは渋木側から本谷コースを登り、鈩《たたら》コースを下って周回してみよう。

市《いち》ノ尾《お》構造改善センターから東に向かい、右にカーブして県道280号（長門秋芳《しゅうほう》線）を南下する。案山子の立つ十字路で、道標にしたがって右折。橋を渡り、農道をクランク状に折れて本谷に入る。2つ目の桂の巨樹で右斜面を上がり、沢をまたぐ。

いったん支尾根に乗るが、すぐに左への巻道となる。滑滝を見て本谷最上流部の谷を遡行する。この付近はかつて山伏屋敷があったといわれ、沙羅双樹の木が多い。やがて**市境稜線**にいたり、右に座禅石を見る。左折して、快適な尾根道をたどり、明るいカヤトの斜面をはい上がれば**花尾山**山頂である。広い草原で、胸のすくような大パノラマが展開する。北に北《きた》長門国定公園、南に秋吉台《あきよしだい》国定公園と2つの国定公園を見下ろし、草《くさ》添山《ぞえやま》、三《み》ツ頭《がしら》、堂《どう》ヶ岳《だけ》、雁飛山《がんびさん》、荒滝山《あらたきさん》、桂木山《かつらぎさん》、如意《にょい》ヶ岳《だけ》などの山々が連なる。

帰路は北東にのびる市境尾根の

■鉄道・バス
往路・復路＝JR美祢線渋木駅から渋木・真木地区乗合タクシーを利用し、市ノ尾バス停で下車。本数は平日3往復、土・日曜は1往復で、登山者の利用は極めて不便。登山口まで約2・8㌔、徒歩約40分。

■マイカー
JR美祢線渋木駅近くの国道316号瀬戸交差点で県道268号（豊田三隅線）に入り、約2㌔走る。市ノ尾バス停そばの市ノ尾橋を渡って右折すれば市ノ尾構造改善センターに着く。付近に5～6台分の駐車スペースがある。

■登山適期
3～6月、10～12月。秋はススキが美しい。

■アドバイス
▽鈩コースの往復であれば、県道280号（長門秋芳線）の終点まで車で入ることができる。
▽紹介したルート以外に嘉万コースがあり、登山道は整備され、短時間で山頂に立つことができるが、マイカー以外はアクセスが不便。
▽下山後、湯本温泉、道の駅「おふく」の於福温泉で汗を流せる。

■問合せ先
長門市役所☎0837・22・2111、長門市観光コンベンション協会☎0837・22・8404、冨士第一交通湯本営業所☎0837・25・

本谷最上流部の滑滝

おとずれ杉

急斜面を、展望を楽しみながらゆっくり下ろう。渋木分岐の道標を確認して左折して鈩コースに入る。おとずれ杉の休憩地をすぎると、左に小滝を見る。その先、渓流にかかる丸木橋を右岸、左岸と渡り返すと、**県道280号の終点**に下り立つ。そのまま車道をたどり、**駐車地**に戻る。（金光康資）

3831
■2万5000分ノ1地形図
長門湯本

CHECK POINT

1 市ノ尾構造改善センター。登山者用駐車場

2 案山子と登山案内絵地図板が立つ十字路。本谷コースは右折

3 稜線に上がると座禅石を見る

4 肩から見るカヤトに覆われた明るい花尾山山頂

5 渋木分岐。直進は嘉万コース。ここは左折する

6 車道終点。右側の丸木橋を渡る

40 カヤトの山頂から長門の海を望む
一位ヶ岳
いちいがだけ
672m

日帰り

歩行時間＝1時間55分
歩行距離＝4・5km

技術度
体力度

コース定数＝9
標高差＝470m
累積標高差 458m 458m

カヤトの山頂でハイカーに人気がある。歴史の古湯、俵山《たわらやま》温泉を基地にして長門《ながと》一を自称する山だ。県獣指定のホンシュウジカの中心的山であり、シカによる植林被害の問題を提起し続けている。心地よく山頂に座っていると、それが大晦日であったとしても、じっと見ていると登山靴に小さなダニが登ってくる。

西南麓の下関市豊田町本浴上地区から眺める秀麗な一位ヶ岳

山頂から北西に天井ヶ岳が大きい

椎ノ木集落入口の新しい道の裏手でわかり難くなったが、**河内《こうち》神社**が登山口だ。県道から分かれて車道を南西に椎《しい》ノ木《き》集落に向かい、最後の民家を見送ると右手に炭焼窯跡とベニドウダン自生地の説明板がある。そのまま林道を行き、丸木橋を渡れば山道となる。

次に右の流れを渡ったところは今はがけ崩れで埋もれてしまったが、ここは昭和24年ご

■鉄道・バス
往路・復路＝利用できるバス便はない。タクシーはJR山陰本線人丸駅から利用する。
■マイカー
中国自動車道美祢ICから国道435号を西走し、豊田町中畑で右折して県道34号を北走する。長門市俵山の大羽山交差点で左折して、県道38号で椎ノ木集落入口にある小さな河内神社に駐車（1～2台）する。新道で切り離されたので見落とさないように。
■登山適期
展望台である。カヤトが光り、海が澄みわたる秋がよい。
■アドバイス
▽俵山温泉は外湯が2軒ある。湯は病気平癒の湯。伝説に薬師如来が白猿に化身して俵山温泉を教えたということから、サルの饅頭が名物となっている。
▽一位ヶ岳はイチイの大木に由来する説が有力。ほかにも、「長門一の名峰」説や「神功皇后の三韓出兵に際し、この山から魔よけの柊を献上したので、天皇家から山に一位の位が与えられた」などがある。
▽4月23日の熊野神社例祭（俵山温泉祭り）と9月12日の俵山八幡宮の立願祭の時には県無形文化財の「俵山女歌舞伎」が演じられる。佐賀県に源を発する火除けの踊りだ。

ろまでは炭焼きを請け負って、遠くから一家をあげて住み着いた家族が数ヶ月もすごしたという。探していたら陶器のかけらを発見した。いわゆる「焼き子」の生活跡である。作業道が新設されたが、要所に案内標がある。

なおも渓流沿いに谷をつめ、右手に小さな滑滝を見送ると右の谷を渡り、植林帯からカヤトに入ると稜線の**鞍部**である。尾根筋は左に進んで急登となる。植林帯を抜けるといっきに展望が開け、胸がすくようなカヤトの斜面をひたすら登る。鞍部から15分で3等三角点の**一位ヶ岳**山頂だ。360度の大パノラマがすばらしく、北長門《きたながと》国定公園に深川《ふかわ》湾、仙崎《せんざき》湾、眼前には長門山地の白滝山《しらたきやま》や豪峰・天《てん》井《じょう》ヶ岳《だけ》が翼を広げている。

下山は往路を引き返す。

（中島篤巳）

CHECK POINT

1 登山口の河内神社。近くの路肩に駐車可能なスペースがある

2 まずは舗装道をまっすぐ山に向かう。今は耕作放棄地が目立つ

3 必要に応じて橋がある。谷沿いの道だから渓流や滝も見られる

4 ところどころ道が細くなるが、ルートはしっかりしており、問題はない

5 明るい尾根に出る。ホッとするところだが、これからが急登だ

6 山頂は大展望台。腰を下ろすとダニが寄りつくので注意

■問合せ先
長門市役所☎0837・22・2111、サンデン交通長門分所☎0837・26・1735、冨士第一交通☎0837・22・2030、カンタク（タクシー）☎0837・22・0200、長門山電タクシー☎0837・26・0054

■2万5000分ノ1地形図
俵山

41

幕末哀史の寺跡からゴルジュと風力発電の山へ

白滝山（豊北）

しらたきやま（ほうほく）　668m

日帰り

歩行時間＝3時間20分
歩行距離＝8・2㎞

技術度
体力度

コース定数＝**17**	
標高差＝573m	
累積標高差	↗754m
	↘754m

一条の白滝

白滝山はゴルジュと懸崖の白滝が命だ。どちらかといえば中級者向きだが、熟練者同伴であれば初心者でも問題はない。単調な登りのあとは巨岩迫るゴルジュ帯となり、アブラハヤが静かに泳いでいる。岩を乗り越えてこのゴルジュを抜けると、巨大な空間に入る。奥に一条の白い滝。感動のポイントだ。ただし、大雨のあとは水量が増し、ゴルジュがさらに恐い難路となる。

　悲劇の討幕派盟主・中山忠光を祀る**中山《なかやま》神社**が登山口。車道を北上し、車道の二分岐点は右を行く。しばらく歩き、**四恩《しおん》寺《じ》跡**の石垣を見送

■**鉄道・バス**
往路・復路＝公共交通機関を利用しての登山は難しい。

■**マイカー**
中国自動車道美祢ICから国道435号を北西に走り、豊北町田耕（たすき）に入ると、出合で西（左）から県道270号が交差する。ここを通りすぎて500㍍で中山神社への案内にしたがって右（東）の地方道に入る。あとは橋を渡って中山神社へ。

■**登山適期**
冬はゴルジュの岩の雪が凍結してすべりやすい箇所があるので要注意。

■**アドバイス**
▽ぬたが迫ルートは荒れているので、不安を感じたらすぐに白滝林道に引き返すだけの時間とゆとりをもとう。
▽中山神社や四恩寺は倒幕急進派公卿の中山忠光ゆかりの地。幕末とはいえ、長州藩論はまだ幕府に対して弱腰だった。そんな時に天誅組で暴れまわった公卿が都落ちしてきたからたいへんである。結局、藩は刺客を差し向け素手で殺害してしまった。
▽温泉の多いところで、滝部温泉、一の俣温泉、荒木温泉などがある。

■**問合せ先**
下関市豊北総合支所☎0837・82・0061、ブルーライン交通☎0837・66・0035、滝部タクシー☎0837・82・0202、滝部温泉☎0837・82・0270

ゴルジュをつくる雄岳（左）と雌岳が白滝林道を威圧する

って道なりに行けば、神社から35分で林道白滝線の**古堂橋**《ふるどう》で広い道に出る。急いでいる場合は、中山神社から車で林道白滝線を走り、古堂橋付近の広場に駐車してもよい。

古堂橋の手前で登山道が山の中に上がっている。これに入って道なりに登る。やがてガレの道になり、急登がはじまる。雄岳《おだけ》の岩峰直下まで登ると道は水平になって右に巻く。すぐに渓流沿いを行くようになり、ゴルジュの入口に着く。古堂橋から40分の地点である。

ゴルジュへは小さな滝を越えてまっすぐ登ってもよいし、渓流を渡って左岸を歩いてもよい。ゴルジュ入口で岩を越えると大きな講堂のような空間に入りこみ、流れ沿いの水平道を10分で白滝に着く。小ぶりで上品な滝で、滝壺にはアブラハヤが泳いでいる。

滝の左斜面を巻いて登り、平坦地を右に行くと3分で**林道白滝線**に出る。左に進み、すぐの山頂への道標で右の山道に入る。もう一度車道を横切って山道に入ると3等三角点の**白滝山山頂**である。北長門《きたながと》の海が広く展開する。

■2万5000分ノ1地形図
俵山・滝部

下山は**林道白滝線**まで戻り、そのまま林道を下る。30分も歩くと、

CHECK POINT

中山神社は悲運の中山忠光を祀る神社だ

四恩寺跡を左に見送る。一時、中山忠光も隠れ住んだ寺だ

古堂橋から再び山道へ。ここまで車で進入し、駐車もできる

ガレの急騰を行く。浮石と落石に気をつけていこう

ゴルジュの中は異空間。大雨のあとは恐ろしい難路に変わる

白滝山山頂からは海側の展望が少し開ける程度だ

左にぬたが迫《さこ》ルートが分かれるが、今は倒木で少し荒れているので、これは見送って、林道を下る。

大展望を楽しみながら**古堂橋**を渡り、往路を戻って**四恩寺跡**に下る。林道では城山《しろやま》や狗留孫山《くるそんさん》などの遠望もよいが、古堂橋に近づくと、先に通過したゴルジュの岩峰が圧巻だ。（中島篤巳）

下山路では展望を楽しみながら下っていくことができる

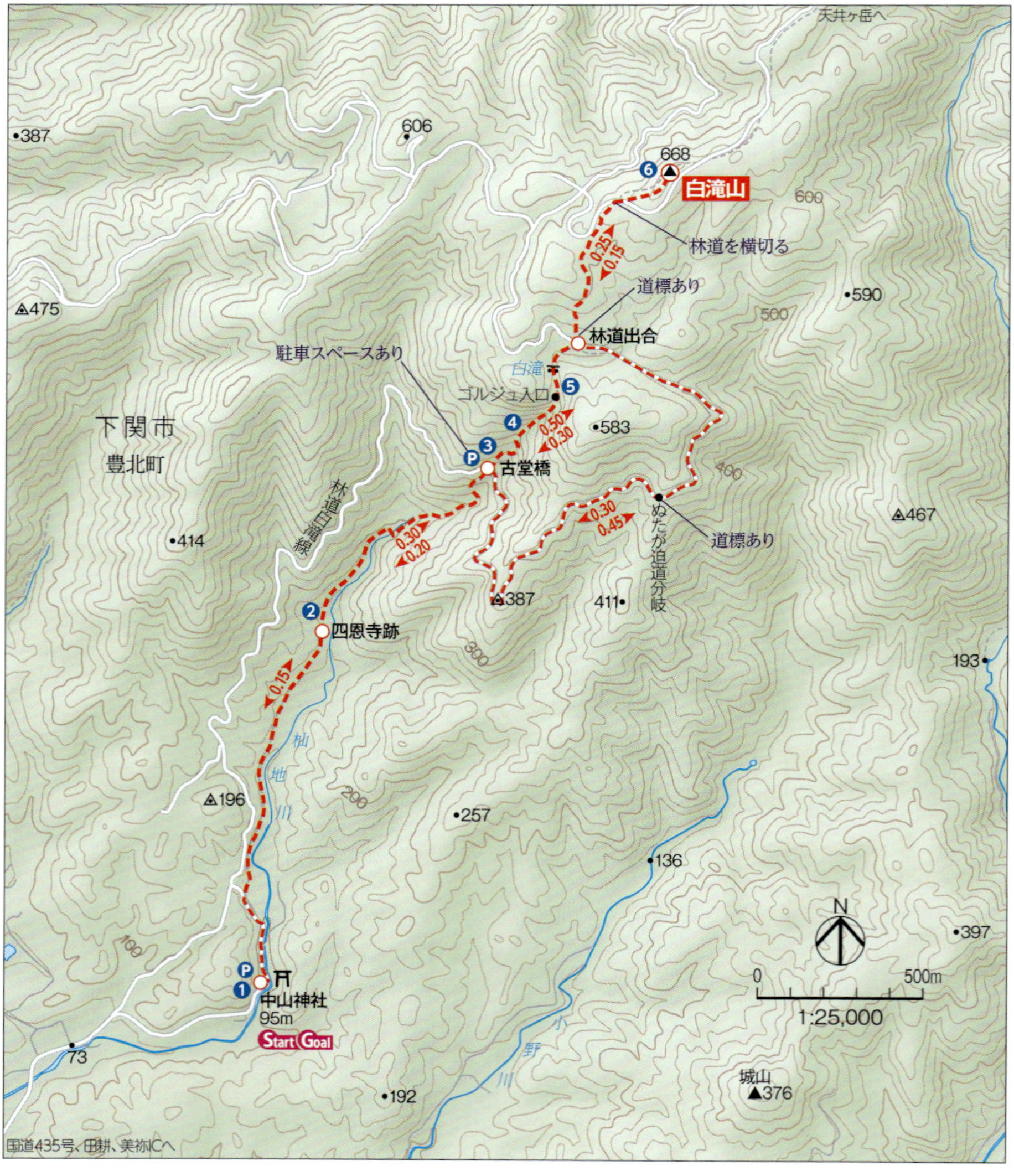

竜王山①

参道を伝い、雨乞いと海上安全祈願信仰の山へ

日帰り

りゅうおうざん
614m（1等三角点）

歩行時間＝2時間40分
歩行距離＝5・1㎞

技術度

体力度

コース定数＝13	
標高差＝560m	
累積標高差	606m（登り）606m（下り）

吉見から見る竜王山

山頂から北面に見る鬼ヶ城（左）、狩音山（右）

「征露記念」石燈籠からの展望

美しい山容、整備された登山路、抜群の展望、と三拍子そろった県西部を代表する名山である。ただし、中国自然歩道《ちゅうごくしぜんほどう》が山頂を通り、遊歩道に階段が多く設置されているため、これが不評で、人によって評価が分かれてもいる。

「竜王山」という山名は全国的に多く、雨乞いの神様である竜神を祀る山であり、紹介する竜王山も西麓の吉見《よしみ》に竜王神社があり、山中に中宮、上宮が鎮座する。竜王神社は乳母屋《ちもや》神社と大綿津見《おおわたつみ》神社が合祀されているので、海上安全の神でもあり、古くから航海上の目標となっている。ここでは上宮への参道でもある吉見コースを歩いてみよう。

竜王山駐車場から県道をわずかに戻った左手に登山口がある。左折して石鳥居をくぐり、階段を上がるとすぐに中宮境内に入る。以前はここに社殿があったが、崩壊して、現在は小祠のみが残っている。

境内の背後を右に回りこみ、尾根を横切り、ひとつ南の谷を横切る。その先の斜面を登って南西にのびる尾根に上がる。左折して尾根に沿ってジグザグに進み、左にハンモックやブランコの設置された展望地をすぎると、すぐに**銅板貼りの鳥居**が立つ分岐となる。山頂へは右折するが、石

段を上がり、上宮に参拝していこう。社殿は海に向いて建てられている。その奥の**征露記念の石燈籠**まで足をのばすと、鬼《おに》ヶ城《じょう》などの大展望が開ける。

鳥居まで戻ったら、山頂を目指す。ここからは大半が緩やかで快適な尾根道で、左に吉見峠、鬼ヶ城への縦走路を分けると、まもなく突然明るい**竜王山**山頂に飛び出る。1等三角点が立つ広い山頂には、ベンチ、テーブル、鐘などが設置され、鬼ヶ城、華山《げさん》、四王司《しおうじ》山《さん》や北九州の山々などの大パノラマが広がる。

帰路は同じ道を引き返す。（金光康資）

CHECK POINT

1 竜王山駐車場。道路をはさんで対面に尾袋配水場がある

2 登山口。鳥居をくぐり、階段を上がると中宮跡

3 中宮跡。山頂へは祠の背後を右に回りこむ

4 銅板貼り鳥居の立つ分岐。鳥居をくぐり石段を上がると上宮

5 上宮。昭和9年に改築された上宮社殿

6 征露記念燈籠。日露戦争に勝利した記念に建てたものだろう

7 吉見峠分岐。左折すれば吉見峠に下るが、ここは直進する

8 竜王山山頂。中国自然歩道が通り、大勢の登山者が集まる竜王山山頂

■**鉄道・バス**
往路・復路＝JR山陰本線吉見駅から竜王神社まで約1・2キロ、神社から登山口まで約0・6キロ、徒歩約30分。

■**マイカー**
下関球場付近の蒲生野交差点で県道244号（下関川棚線）に入り北上、約6・1キロ走ると、右手に尾袋配水場、左手に空き地があり、ここに駐車する。

■**登山適期**
盛夏を除けばいつでもよい。

■**アドバイス**
▽銅板貼り鳥居から上宮までの石段は、靴を脱ぎ素足で参拝することになっている。夏は快適だが、冬は足裏が冷えて辛い。

上宮石段

▽吉見峠へ下り、車道または旧林道

をたどり駐車地点に戻る周回も可能だが、峠までの下りは急勾配である。また、鬼ヶ城、石畑峠へ縦走すると、さらに充実した山歩きが楽しめる。

▽南尾根を伝い福江コースを下って駐車地点に戻る周回も可能だが、福江コースは不明瞭で迷いやすく、県道244号は交通量の割に歩道がないので、すすめられない。

▽「わたつみ」は「綿津見」「海神」とも書き、いずれも海を司る神である。海上交通安全、大魚を祈ったのであろう。上宮には海の丸石が供えられている。竜王神社の祭事として10年に一度行われる加茂島神幸祭は有名。

上宮に供えられた海の丸石

▽下山後、吉見温泉で汗を流すことができる。

■問合せ先
下関市役所☎083・231・1111、下関観光コンベンション協会☎083・223・1144、吉見タクシー☎083・286・2525、吉見温泉センター☎083・286・5123

■2万5000分ノ1地形図
安岡

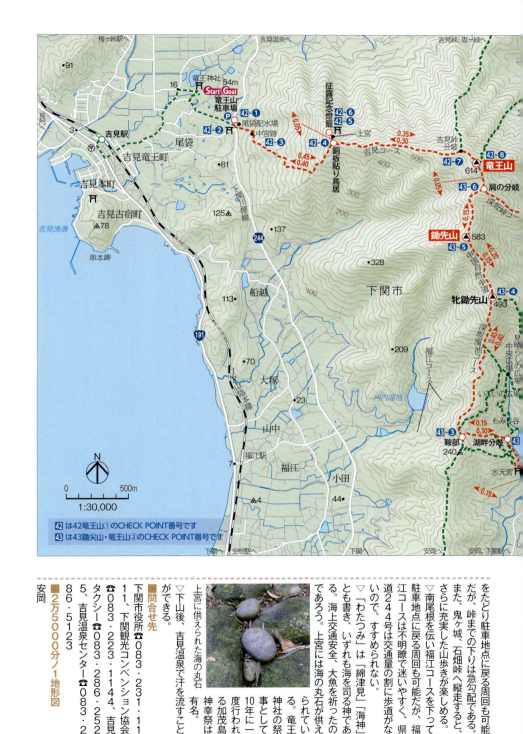

権現山山頂から見る鋤先山と竜王山（左）、鬼ヶ城（右）

43

背後に瀬戸内海、左に響灘の展望を楽しんで中国自然歩道をたどる

鋤先山・竜王山②

すきさきやま　583m
りゅうおうざん　614m

日帰り

歩行時間＝3時間20分
歩行距離＝7.0km

技術度
体力度

コース定数＝16
標高差＝527m
累積標高差　721m　721m

竜王山から南にのびる尾根の東側の谷に深坂《みさか》溜池がある。周辺は深坂自然の森として整備され、森の家下関《しものせき》を中心にキャンプ場や駐車場、林間歩道などがあり、市民の憩いの場、自然学習の場として親しまれている。ここから中国自然歩道が竜王山山頂へ通じているため、竜王山への最もポピュラーな登山口となっている。自然歩道をたどり、途中で鋤先山を踏んで山頂を目指し、深坂峠に下る周回コースを歩いてみよう。

深坂溜池駐車場から鳥居をくぐり、深坂溜池の堤体上を行く。湖面には多くの水鳥が飛来し、白鳥も優雅に泳いでいる。余水吐溝を越え、水天宮で右折して湖畔沿いに進む。「竜王山3キロ、鋤先山2・6キロ」の道標を見て、**湖畔分岐**を左折、谷あいの道をつめて**鞍部**に上がる。右折して尾根上の遊歩道を北上、木洩れ陽を浴びながらのんびりとたどる。

途中、林間歩道を右に分け、ジグザグに擬木階段を登りきれば、4等三角点峰の**牝《めん》鋤先山**だ。明るい山頂で、休憩施設が設置されているが、近年樹木が成長し、展望はしだいにせばめられている。

いったん下り、再び急階段を喘ぎながら登ると**鋤先山**（牡《おん》鋤先山）に立つ。きらきら輝く瀬戸内海や響灘《ひびきなだ》に浮かぶ蓋井島《ふたおいじま》などが望まれる。この先、比較的緩やかなアップダウンを繰り返し、**肩の分岐**で深坂峠からのルートを合わせると、**竜王山**山頂はすぐそこだ。

下山は、深坂峠への**分岐**まで戻り、左折して峠に続く尾根を下る。往路のような擬木階段はなく、8箇所ほどの直進路と迂回路が設けられている。直進路は短距離、迂回路は歩きやすいので、好きな方を選べばよい。**分岐**を直進し、アンテナ鉄塔をすぎると、やがて**深坂峠登山口**の車道に下り立ち、**駐車地**に戻る。

（金光康資）

■鉄道・バス
往路・復路＝公共交通機関の利用は難しい。JR山陰本線安岡駅から登山口まで約4・8キロ、徒歩約1時間10分。新幹線新下関駅から登山口まで約6・2キロ、徒歩約1時間45分。タクシーの利用も可能。

■マイカー

CHECK POINT

1 深坂溜池駐車場。深坂茶屋があり、トイレも隣接している

2 湖畔の分岐。直進は森の家方面、ここは左折する

3 稜線鞍部の分岐、右折して山頂を目指す

4 牝鋤先山山頂。右に林間歩道が分岐する

5 鋤先山山頂。瀬戸内海や響灘が見える

6 肩の分岐の先の巻道分岐。帰路は左の巻道を進むとよい

7 深坂峠へ続く尾根途中の分岐。右折しても車道に下り、合流する

8 深坂峠コース登山口。ここに下り立つ

山頂から見る牡鋤先山（右）、牝鋤先山（左）

下関球場付近の蒲生野交差点で、県道244号（下関川棚線）に入り、すぐに右折して深坂溜池に向かう。溜池堤体右手に深坂茶屋が建ち、前に広い駐車場やトイレがある。

■登山適期

盛夏を除けばいつでもよい。

■アドバイス

▽深坂峠へ下り、車道歩きが苦手の人は、多少距離は長くなるが、森の家に立ち寄り、湖畔の遊歩道を利用するとよい。

▽中国自然歩道の擬木階段は、人によっては不評であり、これを避けたいなら、深坂峠からのコースを往復するとよい。登山口に駐車場もある。

▽中国自然歩道は竜王山山頂から内日の赤田代へ下っている。

▽山頂から南にのびる尾根は、安岡の済生会病院付近で裾を落とす。ここから竜王山山頂を目指すルートも整備されている。

▽登頂後、深坂自然の森でキャンプをして、次の日にゆっくり林間歩道を楽しむのも一興。

■問合せ先

下関市役所☎083・231・1111、下関観光コンベンション協会☎083・223・1144、深坂自然の森☎083・259・8555

■2万5000分ノ1地形図

安岡

＊コース図は111㌻を参照。

44

本州最西端の「富士山」

小倉ヶ辻

こくらがつじ
309m

日帰り

歩行時間＝1時間25分
歩行距離＝3・3km

技術度 1/5
体力度 1/5

コース定数＝7	
標高差＝281m	
累積標高差	↗330m ↘330m

　鬼ヶ城の西に位置し、山裾は本州の最西端毘沙《びしゃ》ノ鼻《はな》で海に没する。国土地理院地形図では、山名のない三角点峰だが、昔から「小倉ヶ辻」とよばれていた。山名由来は明らかではないが、太平洋戦争末期、北九州市小倉の空襲を山頂から見たという話を聞いたことがあり、古くから小倉方面を見晴らす山であったのだろう。「辻」の語源は「山頂」という意味もある。南麓吉母《よしも》から見上げると円錐形の美しい山容を呈し、「吉母《よしも》富士」と親しみをこめてよばれている。最近、地域の宝を掘り起こそうと、地元有志や水産大生のボランティアにより、本州最西端の富士山である小倉ヶ辻にハイキングコースが整備された。

　大河原《おおこら》集落最上部の民家そばにある**登山者専用駐車場**から、東に向かう林道をおよそ20分も歩くと左に山道が分岐する。道標にしたがいこの**山道に取り付き**、山腹を切りながら手づくり階段を伝い、明るい尾根に乗る。左折して自然林と桧植林の境界につけられた尾根道を上がる。急勾配の道だが、

↑若宮神社から見る吉母富士（小倉ヶ辻）

←尾根道から見る鬼ヶ城（左）、竜王山（右）の山並み

■鉄道・バス

往路・復路＝JR山陰本線吉見駅から吉母港行きのサンデンバスに乗り、下方バス停で下車、登山口まで約2・5㌔、徒歩で約40分。

■マイカー

国道191号吉母入口交差点で県道245号（永田郷室津川棚線）に入り、若宮神社をすぎた先の交差点で県道と分かれ、毘沙ノ鼻への道標を見て直進、小さな尾根を越えると海岸沿いの道となり、大河原集落の最上部の民家そばに登山専用駐車場がある。その手前にも駐車場がある。

■登山適期

盛夏を除けばいつでもよい。海の展望を楽しむなら空気の澄んだ秋がおすすめ。

■アドバイス

▽日露戦争の時、陸軍が山頂に監視哨を置いたといわれている。

▽登山口には手づくりの杖、山頂には記念撮影用のスマホ台が置かれ、途中の階段、道標、補助ロープなど、地元の細やかな心遣いやこの山へかける熱意が伝わってくる。

尾根に上がった地点に立つ道標

補助ロープが設置されていて、樹間越しに竜王山《りゅうおうざん》、鬼《おに》ヶ城《じょう》を、背後に安岡《やすおか》、綾羅木《あやらぎ》の海岸線や北九州の山並みを見ながらゆっくりたどればよい。100㍍ごとの励まし道標に元気づけられる。右の植林帯が終わると緩やかな樹林の中の山道に変わり、やがて**小倉ヶ辻**山頂に到着する。

細長い山頂からの展望は、尾根筋以外の東西の展望が開け、西面は響灘《ひびきなだ》が大きく広がり、目の前に蓋井島《ふたおいじま》が、左には北九州の山々が望まれる。天候しだいでは、世界遺産登録の宗像沖《むなかたおき》ノ島《しま》も見えるそうだ。東面は室津湾《むろつ》から川棚《かわたな》の町並みを見下ろし、鬼ヶ城、狩音山《かろうとやま》、華山《げさん》、狗留孫山《くるそんさん》などの山々が並ぶ。

帰路は往路を引き返すか、2021年に新道が拓かれて周回できるようになったので、これを下ってもよい。下山後は毘沙《びしゃ》ノ鼻《はな》にもぜひ立ち寄りたい。（金光康資）

山頂から見る蓋井島

CHECK POINT

1 登山者専用駐車場。そばには杖が置かれている。左の林道を進む

2 林道から左の山道へ取り付く。入口に「吉母富士」の道標がある

3 山頂直下の緩やかで快適な尾根道

4 東西の展望がすばらしい小倉ヶ辻（吉母富士）山頂

▽駐車場や山頂に設置された説明板のQRコードから、ドローンで撮影された吉母富士の映像を見ることができる。

▽吉母集落の西端、陸繋島の黒島山頂に建つ黒嶋観音からの展望も捨てがたい。

▽毘沙ノ鼻は、本州最西端の地で、駐車場もあり、展望広場には展望デッキが設置されている。到達証明書（有料）をJR下関駅か新下関駅の観光案内所で発行してくれる。

▽下山後、川棚温泉や吉見温泉で汗を流すことができる。

■問合せ先

下関観光コンベンション協会☎083・223・1144、吉見地区まちづくり協議会（吉見公民館内）☎083・250・8756、吉母公民館☎083・286・6226

■2万5000分ノ1地形図

川棚温泉・蓋井島

45

鬼伝説と古代ロマンを秘めた山

鬼ケ城

おにがじょう
619m

日帰り

歩行時間＝2時間15分
歩行距離＝4・5㎞

技術度
体力度

コース定数	＝**11**
標高差	＝489m
累積標高差	↗ 540m ↘ 540m

黒井から見る狩音山(左)〜鬼ヶ城(右)

吉見《よしみ》峠をはさみ、竜王山《りゅうおうざん》と南北に対峙する美しい山容の山である。山名の通り、鬼伝説が多く残っている。鬼は山に住み着いた流浪の金属職人が転訛したものではないかと推測されるが、鬼ヶ城の鬼伝説は、酒呑童子の第一弟子霞隠鬼がこの山に逃げ隠れたものだとか、里の娘に懸想した鬼が覗き見をしていて弓矢で目を射抜かれたなどがある。また『日本書紀』にいう「長門城《ながとのき》」をこの山にあてる説もある。これらが人々のロマンや探求心をよび起こし、鬼ヶ城登山へと駆り立てる。

石印寺《せきいんじ》果樹園奥の**登山者用駐車場**から沢に沿って谷奥へ続く道を進み、橋を渡った先で左の尾根に取り付く。クマノミズキの巨樹を見て、自然林の尾根をジグザグに上がると**休憩地**となる。その後もどんどん高度を上げるが、傾斜が緩んで巻道になれば稜線に達する。ここを「**せきんじ（石印寺）岐《わか》れ**」といい、左は狩音山《かろうとやま》、石畑《いしはた》峠への縦走路、右が鬼ヶ城で、鬼ヶ城縦走路絵図板が立っている。

右折して緩やかに下ると、落ち着いた雰囲気の林間広場に**鬼小屋《おにごや》**が現れる。この先、いきなり2段の急登が待っている。ロープも設置されているが、すべりやすいので、慎重に登ろう。

急坂をすぎれば、やがて**鬼ヶ城**山頂に飛び出る。明るい草原の山

■鉄道・バス

往路・復路＝JR山陰本線黒井村駅から登山口まで約３・４㌔、登山口まではタクシーか徒歩（約50分）で。

■マイカー

県道２４４号（下関川棚線）の石印寺集落で鬼ヶ城への道標にしたがって地道に入り南下、左に溜池をすぎ、果樹園を抜けて終点まで走れば、右手に広い登山者用駐車場がある。

■登山適期

盛夏を除けばいつでもよい。海の展望を楽しむなら空気の澄んだ秋がおすすめ。

■アドバイス

▽子どものころ「そねえなジラ（聞き分けのないこと）をいうとゴンゴジーが出てくる」と親からいわれていた。「ゴンゴジー」とはなんなんだろう。台風で船が沈没した元寇の蒙古兵が室津海岸に泳ぎ着いて鬼ヶ城に立て籠もり、夜な夜な里に下りて農作物や鶏を盗み、時には娘さんを襲ったりして、里人から恐れられていた。この一団の大将の名前がゴンゴーだったとする説があり、興味深い。

▽鬼小屋は地元中学生や鬼小屋の会ボランティアによって建てられたもので、道普請なども定期的に実施され、毎年春には鬼ヶ城祭りが開催されている。

▽鬼ヶ城山頂を踏んで南の竜王山へ

頂にはピッケルに鐘のついたモニュメント、八大龍王石碑が立ち、響《ひびき》灘《なだ》に浮かぶ蓋井島《ふたおいじま》、六連島《むつれじま》を見下ろし、南には竜王山《りゅうおうざん》が大きく寝そべる。

下山は往路を引き返すが、時間と体力に余裕があれば、帰路にせきんじ岐れから狩音山まで往復してもよいだろう。所要1時間弱。

（金光康資）

鬼ヶ城山頂から見る竜王山

クマノミズキ巨樹

CHECK POINT

駐車場前の登山口。沢に沿って左の道を進む

せきんじ岐れ。山頂へはここで右折する

林間広場に建つ鬼小屋。鬼ヶ城祭の拠点だ

鬼ヶ城山頂。すばらしい展望が広がる

縦走、北の石畑峠へ下ることもでき、登山路も整備されているが、駐車地へ戻る対策が必要となる。

▽下山後は川棚温泉で汗を流すとよい。

■問合せ先

下関市豊浦総合支所☎083・772・4001、下関観光コンベンション協会☎083・223・1144、鬼小屋の会（黒井公民館内）☎083・775・4182、豊浦町観光協会☎083・774・1211

■2万5000分ノ1地形図

川棚温泉

JR長府駅前から駅舎の背後にそびえる四王司山を眺める

46

維新回天義挙の地、長府にそびえる長門の名峰

四王司山

しおうじさん 392m

日帰り

歩行時間＝2時間25分
歩行距離＝5・9㎞

技術度

体力度

コース定数	＝11
標高差	＝384m
累積標高差	↗ 444m ↘ 444m

四王司山は、高杉晋作の維新回天義挙の地として有名な功山寺《こうざんじ》、仲哀《ちゅうあい》天皇、神功《じんぐう》皇后ゆかりの長門《ながと》国二宮の忌宮《いみのみや》神社など、多くの史跡を見下ろす位置にある。山頂の四王司神社には867年に清和天皇が国の繁栄、安泰を祈願して全国5箇所（出雲《いずも》、因幡《いなば》、伯耆《ほうき》、石《いわ》見《み》、長門《ながと》）に奉安した毘沙門天が祀られ、世界の平和を見守っている。

JR山陽本線**長府**《ちょうふ》**駅**を下車、線路沿いを南へ進み、松小《まつお》田《だ》第二踏切を右折して渡る。そのまま北西にそびえる四王司山へ向かって進めば、やがて石鎚《いしづち》神社前に着く。**石鎚神社の石鳥居**手前に置かれた「びしゃもん道」の石柱を見て、左折すれば四王司山登山道だ。最初は南へ向かうが、すぐに折り返す。左右の分岐はどちらを進んでもよいが、右道を行けば遥拝所の長門毘沙門天社へ参拝できる。

山陽小野田市の海岸線と瀬戸内海

北西にそびえる四王司山を眺めたあと、すぐに分岐した道と合流し三合目を通過する。歴史ある石段を踏みしめながら高度を上げると**五合目**へ。趣ある石段が続き、明るい参道をたどれば、石碑と不動明王の置かれた中腹展望所に着く。ここで眼下に広がる街並みや

■鉄道・バス
往路・復路＝JR長府駅で下車。ここから歩きはじめる。

■マイカー
登山道入口の橋を渡れば右手に数台の駐車スペースがある。

■登山適期
瀬戸内海に面しており、四季を通じて楽しめるが、初夏の新緑、秋の紅葉がベスト。空気の澄む初冬の展望もよい。

■アドバイス
▽勝山御殿跡へ縦走する場合は、四王司神社から南へ進み、送電鉄塔下の展望地を経由して広い勝山御殿跡へ着く。御殿跡から車道を南下し、約1・2㌔を15分で県道247号の御殿町バス停に着く。
▽勝山御殿跡は、長州藩が攘夷を決行し、関門海峡の外国船に砲撃を開始した際、外国船の報復攻撃に備えて、海岸に近い串崎城麓の藩邸を内陸部へ移すため、わずか7ヶ月で急造した藩邸である。
▽正月最初の寅の日が縁日で、前夜から参詣客でごった返す。
▽城下町長府の街並みを見るなら、長府駅からサンデン交通バスに乗り、城下町長府バス停で下車する。

■問合せ先
下関市役所☎083・231・1111、第一交通☎083・245・1926、下関平成タクシー☎08

瀬戸内海を眺めながら小休止をとるとよい。

やがて七合目に着くと分岐に出合う。左道は登り専用、右道は下り専用だ。左道に入り、コース中でいちばんの急坂を登りきると、役行者《えんのぎょうじゃ》の祀られた**九合目の分岐**に着く。右道は展望所へ続くが、先に左道に進み、四王司神社へ参拝していこう。広い石段を登れば周囲は神域の霊気に包まれ、石鳥居をくぐると**四王司山**山頂の四王司神社へ着く。社南側に回りこんだところへ3等三角点が置かれている。

神社付近からの展望はないので、神社から東側に回りこんで展望所へ向かおう。八大龍王の祀られた展望所からは山陽小野田《さんようおのだ》から北九州《きたきゅうしゅう》へと続く海岸線が美しく、コバルトブルーの瀬戸内海がすばらしい。

下山は往路を引き返すのが無難だろう。

（樋岡栄一）

3・246・2688、JR長府駅☎083・245・0070、サンデン交通下関駅前バス案内所☎083・231・7133

2万5000分ノ1地形図 安岡

CHECK POINT

1 登山道へ向かうには、石鎚神社の鳥居手前を左に進む

2 趣ある石段の参道だが、足もとには注意して登ろう

3 石碑の置かれた六合目の中腹展望所。右奥は長府権現山

4 役行者の祀られた九合目。直進は展望所、左の石段の先が山頂

5 山頂に鎮座する四王司神社。南側には三角点が置かれている

6 八大龍王が祀られた展望所。眼下に瀬戸内海を見晴らす

中島篤巳（前）、金光康資（後左）、樋岡栄一（後右）

●著者紹介

中島篤巳（なかしま・あつみ）

1944年山口県生まれ。医博。スポーツ医。元・日本山岳会会員。主著として『山口県の山』『中国・四国の山』『中国百名山』『中国の山』『日本の山1000』（山と溪谷社）、『日本山名辞典』（三省堂）、『山口県百名山』『広島県百名山』『岡山県百名山』『鳥取県百名山』（葦書房）、『山歩き』『山口・広島県の山』（岳洋社）その他がある。

金光康資（かねみつ・やすし）

1948年山口県生まれ。日本山岳会会員。山歩きを趣味として、若い頃は中部山岳にも通ったが、地図とコンパスを頼りに道の潰れた里山を歩くことに興味が移り、『防長山野へのいざない』第1 ～ 4集で、県内の山約950山を紹介。日本自費出版文化賞、今西錦司賞を受賞した。2016年から山口新聞に「ふるさとの山を歩く」を連載中。月1度地元ラジオ番組で山の話などをしている。

樋岡栄一（ひおか・えいいち）

1955年山口県生まれ。登山ライター。山口県柳井市在住。ふるさとの山に魅了され、以後20年来各地の名山をはじめとする国内外の山々を取材し、登山の楽しみや注意点などを新聞やHP「法師崎のやまある記」、SNSなどにより紹介している。

分県登山ガイド34

山口県の山

2018年 6月 1日 初版第1刷発行
2022年10月25日 初版第2刷発行

著　者 —— 中島篤巳・金光康資・樋岡栄一
発行人 —— 川崎深雪
発行所 —— 株式会社 山と溪谷社
〒101-0051
東京都千代田区神田神保町1丁目105番地
https://www.yamakei.co.jp/

■乱丁・落丁、及び内容に関するお問合せ先
山と溪谷社自動応答サービス　TEL03-6744-1900
受付時間／ 11:00 ～ 16:00（土日、祝日を除く）
メールもご利用ください。
【乱丁・落丁】service@yamakei.co.jp
【内容】info@yamakei.co.jp

■書店・取次様からのご注文先
山と溪谷社受注センター
TEL048-458-3455　FAX048-421-0513

■書店・取次様からのご注文以外のお問合せ先
eigyo@yamakei.co.jp

印刷所 —— 大日本印刷株式会社
製本所 —— 株式会社明光社

ISBN978-4-635-02064-0

●編集
WALK CORPORATION
皆方久美子
●ブック・カバーデザイン
I.D.G.
● DTP
WALK DTP Systems
水谷イタル　三好啓子
● MAP
株式会社 千秋社

●乱丁、落丁などの不良品は送料小社負担でお取り替えいたします。
●定価はカバーに表示してあります。

■本書に掲載した地図は、国土地理院長の承認を得て、同院発行の数値地図（国土基本情報）電子国土基本図（地図情報）、数値地図（国土基本情報）電子国土基本図（地名情報）、数値地図（国土基本情報）基盤地図情報（数値標高モデル）及び数値地図（国土基本情報20万）を使用したものです。（承認番号　平29情使、第1582号）
■各紹介コースの「コース定数」および「体力度のランク」については、鹿屋体育大学教授・山本正嘉さんの指導とアドバイスに基づいて算出したものです。
■本書に掲載した歩行距離、累積標高差の計算には、DAN 杉本さん作製の「カシミール3D」を利用させていただきました。